黎晓敏　王林发　编著

大夏书系·全国中小学班主任培训用书

班级创意管理的智慧

华东师范大学出版社
全国百佳图书出版单位

图书在版编目（CIP）数据

班级创意管理的智慧/黎晓敏，王林发编著. —上海：华东师范大学出版社，2019
ISBN 978-7-5675-9708-2

Ⅰ.①班… Ⅱ.①黎… ②王… Ⅲ.①班级—管理Ⅳ.①G473.4

中国版本图书馆CIP数据核字（2019）第195044号

大夏书系·全国中小学班主任培训用书
班级创意管理的智慧

编　　著　黎晓敏　王林发
策划编辑　卢风保
审读编辑　韩贝多
封面设计　奇文云海·设计顾问

出版发行　华东师范大学出版社
社　　址　上海市中山北路3663号　邮编　200062
网　　址　www.ecnupress.com.cn
电　　话　021-60821666　行政传真　021-62572105
客服电话　021-62865537
邮购电话　021-62869887　地址　上海市中山北路3663号华东师范大学校内先锋路口
网　　店　http://hdsdcbs.tmall.com

印 刷 者　北京密兴印刷有限公司
开　　本　700×1000　16开
插　　页　1
印　　张　10.5
字　　数　100千字
版　　次　2019年11月第一版
印　　次　2025年1月第九次
印　　数　22 101-23 100
书　　号　ISBN 978-7-5675-9708-2
定　　价　39.80元

出 版 人　王　焰

（如发现本版图书有印订质量问题，请寄回本社市场部调换或电话021-62865537联系）

目 录

序 言 >> 001

第一章
管理留白，给予呼吸空间

走进学生内心，做学生知心人 >> 003

敢于放手授权，提供成长舞台 >> 007

相机引领学生，促进自我教育 >> 011

一个都不能少，发掘学生潜能 >> 014

把握班级舆情，适时引领成长 >> 017

变管理为服务，让学生做主人 >> 020

第二章
轻松带班，创新管理智慧

管理制度先行，立好班级规矩 >> 025

重视班级共建，我的班我维护 >> 029

优化班干队伍，强化自我管理 >> 033

尊重个性差异，注重因材施教 >> 036

管理张弛有度，加强心理关怀 >> 039

管理应分层次，教育应重全面 >> 041

细心敏锐观察，静待学生花开 >> 048

堵防疏导结合，尊重发展规律 >> 052

第三章
以爱唤爱，讲究激励艺术

加强师生沟通，心与心零距离 >> 057

积极引导后进生，唤回学生自信 >> 063

物质奖励为辅，精神奖励为主 >> 067

坚持教育底线，正确进行惩戒 >> 071

善于找闪光点，激发进步动力 >> 075

包容学生缺点，注重批评艺术 >> 080

与家长谋合作，家校共管共育 >> 084

开启心灵之门，建赏识软环境 >> 090

第四章
另辟蹊径，巧用心理效应

妙用南风效应，改良转化方法 >> 095

防止刻板效应，关注学生发展 >> 097

巧借皮格马利翁效应，以爱真诚相待 >> 100

深化增减效应，牵引向上之心 >> 103

活用链状效应，学生共同进步 >> 106

强化鲶鱼效应，优化竞争机制 >> 108

谨记超限效应，合理运用奖惩 >> 111

勿忘罗密欧与朱丽叶效应，化解早恋危机 >> 114

第五章
潜移默化，做魅力班主任

做好学生导师，担任行为楷模 >> 121

加强专业素养，用真本事说话 >> 125

葆有教育热情，做魅力班主任 >> 132

建设优良班风，自带净化功能 >> 136

活用微信平台，做智慧班主任 >> 142

创新管理理念，科学遇上民主 >> 149

后 记 >> 155

序 言

不知从什么时候开始,人们把班主任看成作教育工作中一个不可或缺的管理者给予极大尊重,这不是三言两语可以说明白的事情。在人们的一般认识中,班主任仅仅是"负责一个班学生的思想、学习、健康和生活等工作的教师":培养学生形成良好品德,这是首要任务;检查学生的学习情况,这是必要任务;督促学生积极劳动,这是重要任务。

但是,班主任作为"一个班的组织者、领导者和教育者,也是一个班全体任课教师教学、教育工作的协调者",在不断地"实践—反思—理论化"的过程中,对自身产生了新认识、新理解。很多班主任以他们的智慧,创造了"朽木可雕"的奇迹,拥有了"点石成金"的魔力,获得了"至高无上"的荣誉。由此可见,班主任可以把平凡的工作做得很伟大,把单调的工作做得很开心,把琐碎的工作做得很精彩!班级管理工作不仅给班主任提供了"纵横捭阖"的舞台,而且给他们带来了难得的成就感。

在我国,班主任制度的源头可追溯至100多年前。1904年1月颁布的《奏定学堂章程》规定,小学"各学级置本科正教员一人","通教各科目","任教授学生之功课,且掌所属之职务",即由一个教师负责一个学级全部或主要学科的教学工作和组织管理工作。这是班主任制度的雏形。1932年颁布的《中学法》规定中学实行级任制,1938年把中学的级任制改为导师制,负责班级组织教育工作的教师被称作级任导师。这是班主任制度的前身。新中国成立后,我们继承老解放区的传统,学习苏联教育经验,在中小学里设置班主任,由此班主任的地位得到正式确定。此后,经过70年的发展、发扬,班主任制度至今创新不断,内涵日益丰富。

教师的伟大在于"传道、授业、解惑",引导学生从黑暗走向光明、从幼稚走向成熟、从文盲走向文明；班主任的伟大则在于用"真诚的心与平等的观念"对待每一个学生，巧妙拨动学生隐秘心灵的琴弦、点燃学生混沌世界的星火、帮助学生树立人生旅途的目标。

班主任由于生活环境、工作经历和教育实践等各不相同，形成了不同的工作方法，加上每个班主任秉持不同的管理理念，应该说，每个班主任管理班级的智慧各有千秋。著名作家亚米契斯在《爱的教育》中有一篇文章讲述了一个八十四岁的教师把一生都献给了教育事业，他每年都将学生的作业保存起来，作为永久的回忆，令人肃然起敬。窦桂梅老师在《今天我们怎样当班主任》中说："班主任工作不仅仅是良心、经验的奉献，而要在此基础上进行更高层次的凭激情、凭艺术的奉献。"

一个班主任受人尊敬和爱戴，或是善于管理留白，给予学生充分的呼吸空间；或是能够轻松带班，创新班级管理智慧；或是以爱唤爱，讲究激励艺术，不信东风唤不回；或是另辟蹊径，巧用心理效应，令学生轻松学习和生活；或是潜移默化，以身作则，做魅力班主任。

我国中小学生人数众多，为班主任的班级管理智慧提供了丰富的实践条件与广阔的实践空间。很多班主任因其工作充满智慧，为人们赞赏、宣扬而声名大噪。他们在管理班级方面为我们提供了许多可以参考的资料，其中既有"高大上"的理论，也有"接地气"的案例，共同组成了我国的班级管理智慧。这些正是本书要阐述的内容。

第一，班级管理智慧需要吸纳先进的管理理念。管理理念是指班主任在班级管理中对工作本质有了一定的理解而形成的关于管理班级的观念。"一切为了每一位学生的发展"，班级管理应面向每一位学生，着眼于每一位学生的和谐发展，培养学生成为高素质的人才。班主任应把重视学生、理解学生、尊重学生、发展学生的精神贯穿于整个班级管理过程，全方位落实以生为本的管理理念。因此，班级管理中应站在学生的角度思考问题，根据学生的实际情况，培养学生的管理能力、问题意识和核心素养等。

第二，班级管理智慧的提高是一个动态的过程。这是一个不断发展的过程，要成为一名充满智慧的班主任，一般要经历四个阶段：入门学习时期、积累经验时期、成熟稳定时期、科学研究时期。四个阶段不是截然分开、独立存在的，它们之间是相互联系、相互渗透又相互制约的，前一阶段是后一阶段的基础，后一阶段是前一阶段的发展。班级管理智慧的提高不可能一蹴而就，需要一个循序渐进的过程，即每一阶段都要把自己的工作落实到底，不断地积极进取，不懈地勇往直前。

第三，班级管理智慧须通过不断感悟而获得。班级管理智慧不是与生俱来的，而要通过读书、实践、反思等方式积累而成。读书有助于班主任守住心灵的宁静，更能够从书本中获取大量的专业知识，从而丰富自己的文化底蕴，完善知识结构。实践是不断把理论运用于工作，反复检验和修正。反思是为了将从书本上获得的知识与实际情况相结合，总结经验教训，取其精华，去其糟粕。在班级管理过程中，我们的脑海中时常会闪现智慧的火花，及时将这些好的想法与感悟记下来，久而久之就会形成富有创意的管理智慧。

在《班级创意管理的智慧》出版之际，我们要感谢华东师范大学出版社的大力支持；此外，我们要对参考过的文章和书籍的所有作者表示感谢！我们还要深深感谢成长过程中遇到的所有优秀班主任，没有他们的教导，我们不可能这么优秀地完成学业。谨以此书，献给所有可爱的班主任！

王林发
2019年10月1日

第一章
管理留白,给予呼吸空间

最为大家熟悉的古代留白艺术作品，当属南宋画家马远的《寒江独钓图》：马远用严谨的铁线勾勒出一叶扁舟，扁舟上有一位老渔翁垂钓。舟四周仅有寥寥几笔淡墨水痕，其余都是空白的。马远这幅画的笔墨虽少，却显现了丰富的内容。寥寥数笔，让观者感受到江水浩渺，寒气逼人。这正是"留白艺术"的独特魅力。留白在绘画方面表现为"无墨之墨"，在管理上则表现为"无为而治"。

"无为而治"来源于《道德经》。"无为而治"并非无所作为，对于班级管理而言，是指给学生留下独立空间，即营造出民主、自由的氛围，从而促进班级学生的自我实现。班主任应尊重学生的人格，既表现在对学生独特行为的接纳，又表现在创设良好的班级环境和条件，让学生充分发现自我，体验到自己作为主体的一种尊严感和幸福感。班级管理的初衷是什么呢？让班级秩序更井然，让学生在班级中接受更好的教育，这是班级管理的起始点。而让学生得到更好的发展，学会自我管理，则是班级管理的落脚点。这就需要我们在班级管理中恰当地运用留白艺术。

那么，在班级管理中留白的智慧体现在什么地方呢？

走进学生内心，做学生知心人

班级管理的最大阻碍是班主任对学生内心的无知和沟通交流的缺失，所以，最为重要、最具有效果的班级管理方式是走进学生内心，做学生的知心人，教育和引导学生更好地融入到班级生活中。唯有激发起学生对班级生活的热爱和向往，教育的价值才能得到体现。学生对班级有了主人翁意识和自我教育的热情，没有"米"的自然会去寻找"米"，有了"米"的则会寻找最适合自己的"做饭"方法，并积极跟随班主任的引导，主动为班级的发展献计献策。当班级实现这一目标的时候，班主任的管理才真正起到了作用。

这种管理模式是宏观的，不仅需要班主任努力构建适合学生身心发展的平台，还需要班主任全面地、多方位地了解学生的感受和体验，真正做学生的知心人。因为师生关系的特殊性，学生很少主动地将自己的内心想法告诉班主任，这就要求班主任知其所思、明其所需。

比如，新学期开学第一课，班主任面对新接手的班级，一定希望尽快地认识班里每位学生，以便更快地让工作走上正轨。按照传统的方法，大多数班主任会先示范性地作自我介绍，接着请学生轮流到讲台上介绍自己，然后班主任提出新学期的学习要求、班级规定。但是，面对新的班级、新的学生，我们不是学生最为信任的人，学生不可能一开始就敞开心扉。特别是那些生性内向、腼腆、不善言辞的学生，迫于班主任的要求，大多只是应付一下，简单地介绍自己的姓名、年龄和爱好。这种情况下，班主任就无法获得一个清晰、全面的了解；而且，如果班级学生人数较多，逐一了解则耗时长。这种索然无味、单调枯燥，仅以认识学生名字为出发点的"认识课"，很难激起学生对班级生活的兴趣和热爱。这时，班主任就应巧妙地从不同的侧面、多方位地对学生进行有效了解。

"知己知彼，百战不殆。"班主任要充分了解学生，包括学生的性格特点、兴趣习惯、家庭背景、学习能力和思想状况等，才能有针对性地管理班级。因此，在上"认识课"的时候，可以借助这个机会激发学生对班级的热情，走进学生的内心。比如，让学生写一篇以"我"为题目的短文，教师不仅能借此了解学生的基本信息，包括姓名、年龄、兴趣爱好、性格特点、家庭环境、思想观念等，还能初步了解学生的写作能力。请看下面这篇作文，作者是一位五年级学生。

我

我的名字叫周佳佳，今年11岁，现在在读小学五年级。不要看我只有11岁，但身高在班上女生中却是最高的哦，我已经一米六五了。我为有这样的身高而自豪。

我有一头乌黑发亮的秀发，一双明亮的大眼睛。美中不足的是，我的牙齿不是很整齐，有点龅牙。今年暑假的时候，妈妈带我去医院箍牙，戴了牙套。现在的我不敢当众咧嘴大笑，怕同学们笑话我是"龅牙妹"。这是我的伤心事。希望牙齿早日"恢复正常"。

我是一个乐观开朗的女孩，喜欢交朋友，喜欢集体生活。这样的我可以与学习好的同学相得甚欢，也能够和学习成绩不怎么理想的同学亲密无间，还能和内向的同学玩得不亦乐乎，无拘无束。我有很多法子逗大家开心，大家都称我是班上的"开心果"。

记得有一次，因为参加第二课堂的体育训练，我的皮肤变黑了。我的同桌故作神秘地问我："佳佳，你在非洲有亲戚吗？"我知道他是什么意思，马上撸起袖子，露出手臂，一本正经地说："你觉得我黑吗？"他笑嘻嘻地说:"当然啦!你不觉得吗?"我骄傲地说:"不觉得!这可是年度最佳肤色啊!阳光、健美,知道吗?全球流行,宇宙限量版!"说完还配上一个健美比赛秀肌肉的动作,同桌被我的自我调侃逗乐了,同学们也笑了。他们说:"你真的很开朗乐观!"

我就是这样一个快乐的女生,你愿意和我交朋友吗?

在字里行间,佳佳同学的学习水平、思维方式、个性特点等一览无余。通过作文,班主任清楚地知道佳佳同学是一位乐观开朗、喜欢交友、热爱集体的女生。她个子很高,还参与第二课堂的体育训练,这说明她日后在体育方面很可能是"大有作为"的。可是佳佳对于箍牙后的外表不是很自信,担心遭到同学取笑。班主任得知后,应该及时做好心理辅导。

采用小作文的形式,班主任对班级学生的整体情况把握得更准、更快。当学生完成自我介绍的作文后,班主任还可以引导他们进行设想:"这样的我,能够为新班级做些什么呢?"一石激起千层浪,学生的热情之火将会被点燃,他们将自己对新班级的期望写在纸上,勾勒出美好的发展蓝图。哪怕是腼腆羞怯的同学,也可以放心地将自己的想法付诸笔端与老师交流。此刻,也是初次凝聚学生力量的最佳时刻。

除了作文,平时可以阅览学生的个人信息表,对他们的家庭情况和学习表现有一个初步了解。如果有情况特殊的学生,则进行私下访谈。如对单亲家庭的孩子,就着重关注他们与家长的相处方式和关系密切程度,让孩子们与家长相处得更融洽;对于学习有困难的学生,则让他们担任班级里的小助手,负责管理门窗或者分发作业等工作,让他们在为集体的付出中收获荣誉感,增强自信心,进而转移到学习层面。此外,问卷调查、个别访谈也是很好的走进学生内心的途径,既可以让性格内向的学生避免上台的尴尬,又可以有针对性地了解学生。

班主任第一课:了解学生[①]

了解学生的方式很多,有没有效率高、费时少的办法呢?

班主任可以根据自己的需要,给学生发一个调查表(如下表所示),让学生认真填写,回收后装订成册。班主任通过经常翻阅这个调查表,将学生的相关信息了然于胸,这样跟他们交往也就成竹在胸了。

认识自我							
姓名		笔名		绰号		性别	
民族		出生年月		毕业学校		家庭地址	
血型		QQ		邮箱		电话	
称谓	姓名		工作单位		联系方式		
父亲							
母亲							
是否留守儿童:							
点击自我							
爱好							
性格							
特长							
喜欢的颜色							
喜欢的事物							
崇拜的偶像							
喜欢阅读的书籍							
喜欢怎样的老师							
描述自我 (优美的散文笔调)							

从这个调查表中,班主任可以获得更贴近班级管理的学生信息。当然,走进学生的内心,做学生的知心人,并非一朝一夕能够达到的,它是一个漫长的过程。学生处于快速成长的时期,即使一开始班主任对他们比较熟悉,但随着时间的推移,学生的身心会发生很大的变化。这要求班主任学会对学生个体进行长期、细致的观察,比如观察学生的日常行为、性格特点等,并做好相关记录。只有用心,才能知心,成为学生的良师益友。

[①] 钟杰:《班主任第一课:了解学生》,《江苏教育》2016年第47期。引用时有删改。

敢于放手授权，提供成长舞台

班级要管理好，离不开班集体的骨干和核心——班干部。作为班级中坚力量，他们对良好班风的形成、巩固和发展起着举足轻重的作用。但是，在管理中经常会碰到这样困窘的场面：班干部具备管理的能力，可班主任不放心，担心班干部能力不足，未能大胆地为他们提供更多的锻炼机会；有的时候，班干部想按照自己的想法去管理和服务班级，却遭遇班主任的各种"亲力亲为"。这就是传统的班级管理，即只注重结果，要求班干部必须顺着班主任的思路走，只让班干部扮演"唯命是从"的角色。在当下大班制教育中，班主任如果仅仅依靠个人的力量来管理整个班级几十人，涉及思想、学习、生活等多方面，不但任务繁重，而且效率低下，难以获得良好的班级建设效果。班主任大包大揽，不但让自己疲于奔命，更使学生失去学习自我管理的机会。

班级管理效果不佳，很大原因是班主任不懂得借助学生的力量。所以，培养班干部应该成为班级管理中的重要任务。很多时候，班主任精疲力尽，并不是没有班干部帮忙、协助，而是培养班干部不力、失策。培养班干部，不应选拔之后放任自流，或是死抓不放，而应充分信任，放手授权，给他们提供成长的舞台。

"火车开得快，全靠车头带。"培养班干部需要教育与管理相结合，做到在培养中使用，在使用中培养。人无完人，没有哪一位学生一开始就能做好班干部的。但是，只要具备相应的行为和能力，经过培养是可以胜任很多工作的。

一年一度的六一儿童节是小学生最期待的节日。因为这一天，他们将摆脱书本的"枷锁"，不仅能参加趣味游园活动、品尝美味可口的零食，还有机会在舞台上大显身手。他们将登台表演视为节日盛事。

一次，为指导班干部策划六一活动，我召开了班委会议。班干部们发表了自己对班级节目的想法，有的想演小品，有的想朗诵，有的想唱歌，还有的想跳舞……看到大家胸有成竹、兴趣盎然的样子，我索性让他们撰写一份六一活动方案。十几分钟过去了，学生仍不动笔。我问："怎么还不开始写呢？有什么需要老师帮忙的吗？"班长不好意思地说："老师，我们有很多点子，可是怕您不采纳。""怎么会呢？你们能为班级出谋划策，我是很开心的！"我微笑着说，"要不这样吧，你们先商量确定好节目内容，然后在班上征求大家的意见。有需要我帮忙的地方，你们尽管找我，不用担心我拒绝。只要是好的，有利于班级的，你们就大胆去做。"我趁机将节目的话事权转给班干部，让他们组织策划，以锻炼他们的团队合作能力。班干部们开心地答应了此事。

一开始，我对班干部们的组织能力有些许担忧，所以一直在暗中观察。但班干部们的表现令我大吃一惊，原来，将舞台交给他们，他们会完成得比我们想象得好！

班委会议结束后，班长召集大家讨论六一活动具体事项。

首先，班长向大家说明了本次会议要达到的目的："6月1日是学校六一儿童节活动时间，活动主题是'诗意校园'。我们要讨论活动内容、怎样组织，要好好珍惜这次机会，不要让老师和同学们失望。"一番简单的话语，还真的点燃了大家的热情。大家都表示要团结起来，好好干一场！

文艺委员提议说："我们班干部首先确定好活动大方向，然后征求大家的意见。如果大家同意我们的想法，那么事情就好办。如果有不同意见，值得参考的，我们要认真考虑。"文艺委员果然聪明，将组织的关键点明确了出来。

体育委员发言说："这次学校已经确定了活动主题，我们要围绕这个主题来考虑。"看来体育委员不仅四肢发达，头脑也不简单！他的点子使活动内容进一步明确了方向。

"表演形式要创新。单纯的舞蹈表演或者朗诵之类，难以吸引眼球，且难以让大家都参与其中。我觉得类似话剧这种节目就很不错，可以让很多人参加。"卫生委员说出自己的看法。

"对，我们参考话剧形式，结合武术、舞蹈等元素，排一个诗词主题的节目。"班长说，"诗词的话，古体诗低年级的弟弟妹妹们不是很懂，也不方便彩排，用现代诗如何呢？"

"现代诗我们不是很懂。要不问下老师，看看哪首现代诗比较适合表演？"学习委员建议。

大家确定了以现代诗为表演内容，以话剧模式为表演形式的文艺节目。他们将自己的想法与同学说了，大家都觉得好。课后，班长和学习委员向语文老师请教比较具有表演性的现代诗，语文老师推荐了虽然是散文，但是极富诗歌韵律、琅琅上口的《少年中国说》。

围绕着《少年中国说》，大家上网搜集资料，一起撰写了《少年中国说》的剧本。我帮他们修改完剧本后，他们就在班上召开演员选拔大会，挑选角色，然后组织排练，前前后后用了一个半月。果然不负众望，《少年中国说》在六一文艺晚会上成功上演，获得大家的一致好评。

从班干部策划此次六一文艺节目的事情来看，学生的办事能力和组织能力远远超出我的预想。他们对班级建设有着自己的想法。在这次六一活动中，他们不但表演精彩，策划更精彩。这样的精彩靠的不是班主任的包办，而是大家的团结合作，更贴近生情和班情。培养班干部，就要敢于放手授权，让他们在管理中学习，在锻炼中成长。由此可见，让学生自主完成一项任务的效果，远比命令他们按照老师的要求完成好得多。

培养一支优秀的班干部队伍不是一件容易的事情。它需要班主任具备深厚的艺术修养、渊博的知识储备、敏锐的观察能力、良好的人格魅力。只有这样，才能赢得学生的尊重，才能更好地发挥教育的作用。敢于授权，让班干部为班级献计献策，团结一致向前进。

相机引领学生，促进自我教育

自我教育是一个古老而洋溢着生机的话题。我国古代思想家曾子说："吾日三省吾身。"苏联著名教育家苏霍姆林斯基曾写道："没有自我教育就没有真正的教育。"瑞典童话大师林格伦相信："儿童需要管教和指导，这是真的，但是如果他们无时无刻和处处事事都在管教和指导之下，是不大可能学会自制和自我指导的。"自我教育是学生自我管理的重要表现。

有的人说班主任是世界上最小的"芝麻官"、最小的"主任"，但是这样的一个"小官员"要管辖的事情却是十分琐碎和繁重的。大到思想教育，小至清洁卫生，哪一样不让班主任操心？倘若事无大小，全部由班主任一个人亲力亲为，班主任即使有三头六臂也难以进行有效管理。更令人担心的是学生会因此变得越来越懒，这很不利于学生自我教育意识的培养。班主任要相机引领学生进行自我教育，让学生既成为管理的客体，又成为管理的主体，从而达到"管，是为了不管"的目的。那如何培养学生进行自我教育呢？

第一，班主任要转变教育理念。班主任是教育工作中的灵魂人物，学生自我教育能否顺利进行，取决于班主任思想觉悟的高低。如果班主任仍是按照传统的"管"来治班，事无巨细，亲力亲为，就难以培养学生自我教育的意识。班主任如何转变教育理念？常见的方式是通过参加讲座论坛、班会观摩、学习培训等，学习新知识，了解新形势，提高自我认知。此外，还可以阅读班主任管理类书刊，如《班主任之友》《中小学班主任》，以及《爱的教育》等。无论是讲座论坛、观摩实践、学习培训等动态学习，还是书刊阅读等静态认知，都能给班主任以思想上的启示与思考。

第二，班主任要强化引导方法。班主任的责任不是看管学生，而是引导学生，引导学生懂得为什么要这么做，应该怎么去做。引导学生正确认识自我教育的积极性和重要性，使学生明白自我教育不仅是成长过程中重要的能力，也是社会对学生的基本要求。同时，班主任要积极带领学生创设良好的自我教育环境，营造良好的自我教育氛围。苏霍姆林斯基曾说："用环境，用学生自己创造的周围环境，用丰富的集体精神生活的一切来进行教育，这是教育过程中最微妙的领域之一。"良好的环境和氛围可以促进学生提高自我教育的意识、价值观念、行为模式等。

学生的教育包括自我教育与集体教育，二者是相辅相成的。在管理班级的时候，我提倡班级的合力教育与自我教育协同发展。但是面对个别学生经常犯错误的情况，我发现教育的效果并不好。我在想："是不是常规的教育方法出了问题呢？"我在提倡班级的合力教育时，未能较好地为这些学生提供自我教育的舞台，给他们更多互相沟通的空间，在这方面存在着漏洞，最终导致自我教育效果低下，同时阻碍了合力教育的发展。

我决定利用一周时间对学生的自我教育进行检查，发现有的值日生写的班级日志比较简单，几乎没有过程描述，字迹也潦草。通过日志我只能大概知道每天发生了什么事情，由于没有具体的描述，就难以把握情况，教育效果因此大打折扣。能不能改变班级日志的记录方式呢？让它成为班级流动的窗口，更好地呈现班级成长的过程。

我在班上宣布了这一想法，进行民主投票。大家热情高涨，都表示愿意尝试。我把一个新的硬皮笔记本放在讲台的固定位置，称之为"班级日志"，规定由全班同学轮流写，还给他们起了一个好听的岗位名称，叫作"轮值班长"。轮值班长需要记录班级每天发生的事情，可以是令人高兴的事，也可以是让人抓狂的事，但有一个条件，那就是要详细写出整个事件的过程与结果，并于次日早读课前宣读。然后大家对事情进行简单分析，总结方法或提出建议。最初，我只是抱着试一试的态度，没有想到的是，大家参与的兴致很高，使"班级日志"的质量有很大的提高。最主要的是，日志叙述具体、真实、客观，又具有一定的生活性，它使我在班级管理中又多了一把钥匙。

"班级日志"对于学生来说，仿佛是一面镜子，对照这面镜子，学生能够自我反省，从中受到启发和教育。学生争着做好事，希望以最好的形象出现在日志中，为班级争光。

自我教育并非小事，它是通过自我认识去培养自己的优良品质。对于中小学生来说，能够正确地认识自己是一件不容易的事情。正确认识自己，就会严格要求自己，让自己成为期待中的自己。班主任应深入了解班情和生情，尊重和爱护学生，相机引导学生进行自我教育，为他们成长为综合素质型人才奠定基础。

一个都不能少，发掘学生潜能

由著名导演张艺谋执导的电影《一个都不能少》曾赚取了万千影迷的眼泪。影片讲述了魏敏芝给水泉小学的高老师代课一个月，因为高老师叮嘱魏敏芝"班上学生一个不能少"，所以魏敏芝在代课的时候一直记着这个叮咛，不怕辛苦，进城寻找辍学的学生，让每个孩子都重返校园的故事。一个都不能少，这也是我们作为一名新时代班主任面临的重要任务。显然，我们比魏敏芝幸运得多，大多不需要像她一样进城苦苦寻找学生返校读书。孩子们坐在窗明几净的教室里等待着我们来上课，我们要做的"一个都不能少"，是不能忽视每一个学生的全面发展。哪怕他的成绩并非优秀，哪怕他的行为并不够端正，哪怕他不是黑夜里最耀眼的那颗星，我们依然要饱含热情地发掘班上每个学生的潜能。

班主任是班级建设的关键，班主任需要调动一切积极因素，才可以让班级形成强大的合力，为班级文化建设提供坚实的基础。班级建设需要关注到每位学生，一个都不能少，以便更好地发掘学生的潜能。

记得刚参加工作时，初次担任班主任的我面对50多个性格迥异的小孩子，他们有的内向文静，有的外向活泼，有的懂事乖巧，还有的调皮捣蛋。在这些调皮捣蛋的孩子中，有一个很棘手的"刺头"，他是最令人头疼的孩子，破坏纪律不说，学习成绩也没有起色，经常不按时完成作业，偶尔完成的作业书写潦草得连他自己都不认识。久而久之，在学校很多教师眼中，他成为了名副其实的"问题学生"。

初生牛犊不怕虎,我斗志昂扬,一心想着去教育他。可我每次找他谈话,他都站在旁边愣着,既不答应也不反驳,我努力了两周时间,却没有丝毫收获。怎样去教育这位"问题学生",让我很头疼。我决定退而求其次。我不再正面接触他,而是利用一周多的时间暗地里观察他的学习、生活习惯等。我发现,他虽然是一个成绩不好的孩子,在行为习惯上也存在着不足,但是有一颗善良的心。有一次,他的同桌不小心弄坏了他的钢笔,提心吊胆地去向他解释和道歉,本以为他会以暴力解决问题,没想到,他小手一挥,留下一句"没事的"给同桌。从这件小事来看,他还不算是一名严重的"问题学生"。

借助这个契机,我找他认真谈心,了解了他的家庭情况:爸爸妈妈经常要外出打工,很少有时间看管他。他自小跟爷爷奶奶居住,爷爷奶奶对他的教育几乎为零,再加上家里有个三岁的弟弟,他老是认为大人偏爱弟弟而不疼爱他,在家里也会跟弟弟抢东西,这造就了他偏激的性格。他觉得受到冷落,想利用一些独特的行为引起大人对他的关注。这样看来,他是一个缺乏爱与安全感的孩子。我想,教育只有切合他的性格特点,才能让他发挥出自己的长处,用正确的方式展现自己的能力。

因为他宽容对待同学的"钢笔事件",我在班上表扬了他。那一刻,我看到他不好意思地红了脸,可眼睛里闪烁着激动的光芒。我安排他做英语小组长,负责英语作业的收发工作。几次作业的收发,他都很积极地完成了。可他的作业依然完成得不是很理想,还存在着字迹潦草的情况。但让我欣慰的是,他每次的作业都按时上交了。后来,我加强对他的教育攻势:不动声色地教他守纪律,教他学会与他人相处,以及安排小老师对他进行学习辅导。只要他的学习有点滴的进步,我就给予及时的表扬。渐渐地,这个大家心中的"刺头毛孩"温和了,待人有礼了,学习也进步了。

我庆幸自己当初没有放弃他,让他感受到老师对他的关爱与信任。

教育这块土地上，长着参差不齐的苗儿。班主任管理班级宛若农民耕耘土地，面对那些长势不佳的苗子，也不要放弃。教育要坚持以学生为中心，一个也不能少，激发学生的潜能，塑造更加鲜活的生命，为学生的发展创造更为宽广的空间。

还记得那个救鱼归海的故事吗？有一群鱼由于潮汐的原因搁浅在岸上，有一个孩子看到后，努力把搁浅的鱼一条条抛回大海。这时，一个大人看到孩子的举动，嘲笑道："你看，那么多的鱼啊，你怎么能把它们都救起来呢？再说，谁又在乎你的举动呢？"这个孩子头也不抬，仍坚定地把身边的鱼一条条抛回海里。他一边用力地抛一边轻轻地说："这条鱼在乎，这条鱼也在乎。"

教育之路是漫长的，教育效果不会立竿见影；教育中的琐碎之事是难免的，但不能视而不见。有时候，我们班主任就是那个救鱼归海的孩子，一个微小的举动就能改变一个孩子的未来，一个都不能少。

把握班级舆情，适时引领成长

常常有班主任这样埋怨："学生真的是难以教育呀，正管着这个学生，那个学生又搞事情了！""班级的纪律真不理想，学生们容易犯错误。往往一个问题出现后还没解决，新的问题又出现了，就好像'按起葫芦浮起瓢'，让人手忙脚乱。""做班主任真是操碎了心，学生痴迷电子游戏，你会发现原来并不是一两个人的问题，原来是班上有一伙人一起打游戏。最重要的是家长还不配合管教！你说气不气人？"学生难以管理，且管理效率低下，主要原因在于班主任对班级管理的认识有所偏差。我们常常可以看到，班级管理倾向于对学生个人的教育，一个问题出现解决一个问题，一个孩子犯错教育一个孩子，而忽略了舆情在班级管理中的重要作用。班级如果缺少舆情的引导，学生就难以做到明辨是非，思想和行为也就缺乏明确的标准。

其实，班级舆情是班级管理工作效果的反映，是学生群体思想和行为的映射，是班级里一种独特的文化氛围，是学生自我表达、与他人交流的实际需求，是学生的真情流露。《教育部关于进一步加强中小学班主任工作的意见》提到一点："班主任老师要做好中小学教育的引导工作，做好中小学教育引导工作的一个重要的手段，重要的阵地就是班级的舆论。"这一条例既道出了班级管理的注意事项，也为我们掀开了班级管理导向的神秘面纱。班级管理需要用正确的舆情来引领学生健康成长，让学生个人的行为与集体的正确行为同向而行，而不是打地鼠式管理，顾了这一个，顾不了另一个。

所以，我们在教育学生的时候，应注意班级舆情的引导，立足于班情，用正确的舆情引导学生，让学生在积极的氛围中健康成长，从而实现班级管理的目标。

班主任如何把握班级舆情？首先，在班级形成之初，就告知学生学校的规章制度及行为规范等，并且将内容具体化、情景化，让学生明白这些都是应该遵守的基本准则。其次，在平时活动中强化学生的规则意识，这是养成良好班级舆情的重点。让学生明白什么事应该做，什么事不应该做；为什么这样做，为什么不能那样做等。准则为学生的行为划定了"底线"，教会他们抵抗各种不健康的思想或不恰当的行为，这样就为班级的舆情建设奠定了基础。比如，利用每周一会总结班级活动的情况，强调学生对班级应该承担的责任和行使的权利，包括打扫卫生、爱护公物等小事情，或者班干部选举、争优推选等大事件，鼓励学生在享受应有的权利的同时要履行好自己的义务；再者，在班会活动中，要对班级存在的不良行为加以引导，甚至是制止。同时，要大力表扬优秀的学生，弘扬班级正能量，确保正确舆论的形成。

近期，学生完成家庭作业的质量越来越不理想。从学生的作业书写工整程度和做题的正确率上看，他们做作业还不够用心。这是这段时间发生的不正常的学习现象。原因是什么呢？我私底下找了几个学生谈话。一开始，他们都不肯老实地将事情缘由交代清楚。我决定逐个突破，先找一名学生了解情况，我装作很严肃地说："我觉得你们这段时间作业没完成好，很大的原因在于你本身，你要不要解释一下呢？"他一听到这话就急了，立即辩解说："老师，这件事情不全怪我呀。大家是约好一起玩游戏升级的，一忙起来，哪有时间做作业呢？于是，我们都随便做了。"找到了问题的突破口后，我再找其他同学逐一谈心。在谈话中，我觉得学生已经沉迷游戏难以自拔，同时对没完成好作业心存焦虑。游戏如魔，不仅诱惑着学生，而且影响着班级的风气。长此以往，后果不堪设想。

我决定从责任层面激励学生，将解决问题的任务交给学生自己完成，强化他们的主人翁意识。我组织了一场以"玩游戏是好还是坏"为主题的辩论会,特地将带头玩游戏的同学安排在"玩游戏的坏处"这一方辩论组中,让他们"现身说法"。由于他们对玩游戏的坏处有着切身体会,因此在整个辩论的过程中分析得比较深刻,最后以绝对优势取得胜利。

在这几位同学的发言中,大家都明白了沉迷玩游戏的坏处。整个教室静悄悄的。从那天起,我看到学生的作业又恢复了以前的认真。

舆情建设,在于攻心。我们如果一开始就用简单、粗暴的方式批评犯错误的学生,批评他们没完成作业是多么可恶的事情,学生哪怕真的有愧疚之意,也会在批评声中化为乌有。他们很可能与班主任对着干,结果往往适得其反。如果借助舆情,引导他们走向正确的方向,则会事半功倍,促进全体学生的共同成长。

变管理为服务，让学生做主人

几乎每一个人对服务这一个词语都不会陌生。服务，就是为别人做事情，满足别人的需求。超市售货员为顾客服务，让顾客买得放心；茶楼服务员为食客服务，让食客吃得满意；导游为游客服务，让游客宾至如归……一提到服务，我们脑海中不由自主想起这些熟悉的画面。而说起班主任，大家很容易把班主任工作与管理联系在一起，可是有没有想过服务离班主任有多近呢？

其实，服务是班级管理的一种方式。魏书生认为，学生需要受教育，才有了教师这种职业，并不是因为有了教师，才去找一些学生来教。也就是说，教师是为服务学生而产生的。但班主任的服务与其他服务人员的服务性质不同。教育是一种非同一般的服务，其宗旨是把学生培养成一个具备正确人生观、价值观和世界观，德智体美劳全面发展的合格公民。班主任以服务的方式挖掘学生的最大潜能，实现教育的目的。

班主任总会有这样一个感受：学生对班主任的"管"很敏感，哪怕他们知道老师苦口婆心是为他们好，但由于方式不对，就不接受老师的好意。而服务型班主任没有居高临下的架子，对学生平易近人，还能倾听学生的心声，予以他们需要的帮助。这构建了一种亦师亦友的良好关系，使之比管理型班主任更受学生欢迎，教育效果愈发明显。服务型班主任不但很受学生欢迎，而且深受家长喜爱。试想，哪一位家长不希望自己的孩子在读书获取知识的同时，又能在愉悦的环境中健康成长呢？

由管理模式向服务模式转换，无微不至地为学生提供便利，对学生呵护关照即可？不是的。班主任要想在服务中实现管理，在管理中体现服务，首先需要明确服务观念，提升服务意识。这就要求班主任不能表现得高高在上，应该学会平等地和学生交流对话。班主任要努力创造良好的学习环境，让每一个学生都能够愉快地学习成长。其次，作为班主任，不仅要完成学校安排的基本教学任务，更需要提高自己的治理能力，成为学生学习的榜样，让学生做班级的主人。治理能力强了，班级管理秩序稳步推进。这就要求班主任具备多方面素养，能够担任不同角色。

班主任应有艺术素养，这对服务班级往往具有意想不到的效果。有一部非常有名的法国教育电影《放牛班的春天》，正是讲述了一个这样的故事。主人公马修是一名才华横溢的音乐教师，他没有高高在上的教学态度，而是潜心服务学生。他用自己的爱心与音乐唤醒了"池塘之底"教习所孩子们久被压抑的心灵，使他们内心重燃对生命的热爱与激情。虽然马修终身只是一个默默无闻的音乐教师，但他的才艺影响着学生，他的爱徒终于在多年之后走进了马修所憧憬的音乐殿堂，成为蜚声世界的音乐家。

学生都是"性本善"的，是可爱、纯洁的，是待画的白纸。你涂上的是黑色，则映入你眼帘的是黑漆漆，你抹上的是红色，则看到的是红灿灿。所以，班主任对学生好，他们会感受得到，自然也会回报给我们听从教导和努力学习；而过于严厉的惩罚是最无效的方法，会使孩子们产生逆反心理，而且会使问题变得更复杂，班级管理难上加难。老师不正确的教导就如同催化剂，给孩子们心里的反叛提供了最合适的生长土壤。采取这种方法只会适得其反，如同《放牛班的春天》这部电影中的校长所经历的一样。而马修老师用才艺去征服学生，为学生服务，鼓励学生做学习的主人，则产生了惊人的教育力量。

以艺术服务班级，既有教化功能，又有愉悦作用，是一种崭新的管理理念。作为班主任，怎样变管理为服务，让学生做学习的主人，将是我们需要深思的问题。服务型班主任以学生为主体，用平等的态度为每一位学生的成长服务。这份平等民主将在孩子的心底产生深刻影响，将会带给他们自立自强的力量。服务，是最好的管理手段。

第二章
轻松带班，创新管理智慧

在班级管理中，由于侧重知识教学，倾向采用简单的教育手段，不少班主任忽略了班级管理的创新，缺少智慧，效果欠佳，让管理班级成为苦差累活，同时减弱了班主任管理班级的信心和热情。

班主任的教育任务重，只有创新班级管理方式，充分调动学生参与班级管理的积极性，才能取得良好成效。

我国四大名著之一的《三国演义》中有这样一段描写：三国时期蜀汉开国皇帝刘备逝世之后，丞相诸葛亮准备领军北伐中原。南中地区少数民族的首领孟获起兵反叛蜀汉。丞相诸葛亮巧用攻心战术，七次生擒孟获，七次放还，使之心悦诚服，归顺蜀汉，让北伐中原无后顾之忧。

诸葛亮的"七擒孟获"妙计，攻心为上，攻城为下，不禁让人拍案叫绝。他并非用简单粗暴的硬性捕拿手段，而是创新智慧，让对手归心于己。从中我们可以获得启发，不去做违背教育规律"一劳永逸"的春秋大梦，而是根据学生的身心特点和心理需求，创新班级管理手段，从实际出发去教育、关爱学生，让他们发自内心地赞成班主任的做法和观点，师生配合形成合力，完成管理工作。

那么，具体应该怎样操作呢？接下来一起去看看有哪些好法子。

管理制度先行，立好班级规矩

班级文化包括班级物质文化、精神文化和制度文化三个方面。其中，班级制度是班级文化中的一个重要组成部分。俗话说："无规矩，不成方圆。"由此看来，立好班规班矩是班级管理的首要任务。制度化的班级管理既能够让班集体的工作井井有条地开展，又可以规范学生的行为，为学生营造良好的学习环境。

教育部出台了《中小学生守则》《小学生日常行为规范》和《中学生日常行为规范》等来约束学生的言行举止，但是这些守则规范比较宽泛，没有体现班级的特殊性与对应性。为了保障班级的正常秩序，每次在接手新的班级时，我都会制定管理制度，用具有班级特色的制度来管人管事。班级制度虽然用静态的文字形式呈现出来，但是具有针对性，适用对象是班上的每一个学生。班级不是班主任的"一言堂"，管理制度的制定应是班级意志的体现。学生如果不参与制定，那么在主观上不会认可，更谈不上去遵循与执行它。我们要借着制定班级制度的时机，对学生进行一次深刻的遵纪守法的教育。在制定班级制度上让学生当家做主，他们更容易接受和自觉遵守，这样，班级管理制度才能更具可行性和有效性。

如何制定？首先，向学生说明班级管理制度制定的意义和目标，形成思想上的初步统一，再组织学生以无记名的方式提出管理意见；其次，由组织委员收集大家的意见，并做好整理；第三，按照思想、学习、生活、卫生、纪律等方面进行分类，形成初稿；第四，在班会上公布这些意见，让大家提出改进的建议或者解决的方法；最后，对每一条意见或者措施进行表决，超过三分之二同意，即可作为班级管理制度。

好班规是这样"炼"就的[①]

"坏班规"各不相同，好班规却是相似的。开学伊始，作为班主任，如何制定一份有效的班规，让大家在规则的看护与约束下，养成对自己一生有用的好习惯，这是至关重要的。下面，我们把自己与孩子们共同"炼"就班规的过程和大家共享。

从《美国中学制定班规的四个方法》一文受到启发，面对从假期中刚刚收回缰绳的这群"宝马"，我们的班规制定从四个问题开始：

你们希望我怎么对待你们？

你们希望如何相互对待？

你们认为我希望如何被对待？

如果有了冲突，我们应该如何相互对待？

接下来，我们让孩子们在六人小组里分别讨论了这些问题，然后每个小组选派代表，把他们组的答案通过电子白板呈现出来，最后进行民主表决。他们把建议一一读了出来，每读一条，我都会停下来问他们："这个规定看起来怎么样？"如果他们点头认可了，我还要让他们说说这条规定表示什么意思。这是了解学生想法、加深印象的好办法。

这次班规的制定，我们前后一共花费了两个多星期的时间。我们把这些初步筛选出来的班规打印出来，贴在班级公告栏内，每天只要有空，孩子们都会前来"审核"，并决定是否应该添加或删除一些条目。

我们还考虑到，孩子还小，他们生性好动、自觉性差，不太愿意受班规约束。如何让天性率直、淳朴的孩子学会规则意识，养成良好的习惯呢？因此，班规的最后一条，还要制定出具体、可操作的奖惩方法来约束孩子。比

[①] 谢春凤：《好班规是这样"炼"就的》，《中小学教师培训》2013年第4期。引用时有删改。

如今年我们这样规定："对于班规执行的优秀者，我们将通过家校通点名表扬，并奖励甜蜜的糖果一份；如果违反班规，必须当着全班同学的面表演节目，并摘抄美文一篇。"刚刚宣布完这个班规后，孩子们就不由自主地笑了出来，也许这样的奖惩对他们来说，挺新鲜、挺刺激的。既娱乐了他人，又教育了自己，真是一举两得呀！

终于有一天，他们都确认无误后，我把制定好的班规，小心翼翼地粘贴在了墙壁上。在班规的开头和结尾，我分别添上了口号和奋斗目标。"我自信，我出色！我努力，我成功！""创最好的班级，做最好的自己，争当附小排头兵！"孩子们郑重地在班规下面签上了自己的名字。第三周的班会课，我让孩子们把这些班规认认真真地抄在了笔记本上。每当有新同学转进来的时候，其他孩子会像小主人一样，告诉他们这些班规。

这次班规的制定是群体智慧的结晶，是在班级检验中通过的。大家互相监督、管理的这种做法，比班主任凭"一言堂"制定各种硬性规则，生生地强加于他们头上，要管用得多。只有孩子参与了，他们才能真正把自己融入班集体中，才能真正体会到作为主人公的自豪与责任！

××班班规

一、我们的约定

我们要养成良好的学习、生活习惯，提高学习和生活的自主性，自觉遵守班级纪律，积极参与各项文体活动，为班级争光，一起打造优秀的四年级（1）班。

二、我们要做到

（一）纪律

1. 所有同学必须按照学校的规定，准时进班参加早午读、上课等。

2. 课上不得交头接耳讲话，不得看课外书，不得睡觉及做其他与学习不相关的事情。

3. 上课铃响后，全体同学要立即进入教室，做到"快、静、齐"，作好上课前的准备。

（二）学习

1. 全体同学要自觉遵守班级学习纪律，并注意优良学习氛围的形成与保持。

2. 课堂上老师提出的问题，如自己知道如何做，要积极发言。

（三）卫生

1. 不乱扔垃圾，不随地吐痰，不弄脏墙面。

2. 不留长指甲，不穿拖鞋，男生不留长发。

（四）文明

1. 不准顶撞老师，打骂同学。

2. 未经允许不拿同学的东西。

3. 不准毁坏公物。

（五）其他方面

为班级赢得荣誉等。

从以上班规可以看出，管理制度包括一些常规要求，有卫生、学习、文明等，这些涉及学生在校学习和生活的方方面面。制度的制定要注重针对性，让学生明白自己要怎样做，不能怎样做。比如，上课不准睡觉、做小动作、随处走动、看课外书、不认真听讲等。班规的制定不需要太详细，过多的条例让学生记忆起来有困难，同时增加了实施的难度。

制度的制定除了要有针对性，也要有动态性。学生是发展着的群体，管理制度的制定要随着学生成长而不断完善。譬如在低年级的时候管理制度强调学生良好习惯的养成，到了高年级的时候就要突出学生合作能力的培养。管理制度只有符合学生的身心健康发展趋势，才能满足学生不断成长的需要。

重视班级共建，我的班我维护

班级对学生的全面发展发挥着重要作用。在班级管理的过程中，班级建设是非常重要的组成部分，也是管理整个班级的重点环节。班级建设直接影响到班风和学风的形成，班主任应该加强班级建设，为学生创设良好的学习与生活环境，引导学生全面发展。

在班级建设过程中，存在一个共性问题：学生的主人翁意识淡薄，欠缺集体荣誉感。面对班级开展的各项活动，学生表现得不以为意，随便应付，比如运动场上有的同学正挥汗如雨地参赛，有的学生却躲在角落里乘凉，毫不在乎班级的比赛结果；有的学生认为自己把学习成绩搞好就可以了，班级对于自己来说没那么重要；甚至看到损害班级利益的行为，他们依然一副事不关己、漠不关心的态度。其实，这些都是错误的想法。学生作为个体存在于集体中，并不是孤立存在的。宛如鱼儿离不开河流，花朵离不开太阳，学生的成长离不开集体。

相传，中国古代有一个国王，临死前把他的几个儿子叫到身边，先分别给他们一人一根筷子让他们折断，几个人一折，筷子轻易就被折断了。然后，国王又给他们一人一把筷子，让他们折，这下，他们谁也没有折断。于是，国王叮咛他们弟兄以后一定要团结一心，只有这样，才会集中所有的力量，永远立于不败之地。

这个故事说明什么道理呢？团结的力量大。是的，学生如果充满集体荣誉感，就会更加热爱集体，用自己的行动为班级谋发展，推动班集体的建设。集体荣誉感是集体主义精神的一种内在表现，一个学生如果没有认识到自己是这个班级的成员，也就不会有集体荣誉感。如何让一个学生产生集体荣誉感？班集体要让他感到温暖，让他觉得自己是班级不可缺少的一分子。学生个人与班集体是关联的，个人方方面面的表现都应与班级荣誉挂钩。

深秋，晨光照耀着大地，还夹着一丝丝的凉意。平日里安静的校园此刻喧嚣声响彻云霄，音乐声与欢呼声汇聚在一起，让人感受到不一样的热闹。原来，今天是我们学校的秋季运动会。师生们齐聚在运动场上，一起迎接着这个盛典。

我们班的学生也是很兴奋的，他们红彤彤的脸蛋上都写满了喜悦。热烈而隆重的开幕仪式结束后，田径比赛就开始了。我们班的小鑫作为班级代表参加了田径二百米跑。他可是我们学校的体育特长生呢，因此，班上学生们都认为这一次比赛，他是稳拿第一的。

小鑫站在了二百米跑起跑线上，做好了起跑的预备姿势。"砰"的一声枪响掀起了二百米跑的白热化竞技高潮。小鑫像离弦的箭一般冲了出去，"加油，加油"，拉拉队的鼓舞声振奋人心。小鑫是遥遥领先的，他像一匹骏马奔驰在宽阔的大草原上。突然，伴随着观众们的一声声尖叫声，小鑫猝不及防地倒了下去。他用双手紧紧地抱着小腿，疼得额头都渗出了汗。原来，有一位低年级学生突然冲入了跑道。小鑫由于跑步速度太快，来不及停下来，被突如其来的他撞到了。裁判让小鑫先休息查看情况，若情况允许，再参加比赛。

小鑫的突然受伤让班上的每一个孩子都提起了一颗心。他附近的啦啦队员们背着他到了医疗点疗伤，班长带来水给他喝，他同桌还细心为他擦去额头的汗。经过校医的简单诊断处理后，小鑫的脚伤还是比较严重的，伤及韧带，暂时不能再上场参赛。这可把小鑫急坏了，他红着眼睛对我说："老师，我还是可以的。我想继续跑，我不想给班级丢分。"我摇了摇头，对他说："好孩子，我知道你是为班级着想。可是身体为重啊，伤好了，我们以后也可以继续比赛。"旁边的小胡沉思了下，紧握着小拳头，认真地对我说："老师，我替小鑫上场吧！我想为咱们班级争取一下机会。"看着小胡坚毅的眼神，我点了点头。于是，我和裁判协商了一下，因情况突然，由小胡替代小鑫继续比赛。

依旧是二百米的起跑线，依旧是秋季的运动场。班上几名男生扶着小鑫到了运动场上观赛。"加油，加油"，鼓舞声此起彼伏，孩子们小脸通红，激动地呐喊着。小胡带着大家的期望努力地跑着。令大家意想不到的是，他竟然夺得了第四名的好成绩。孩子们激动地跳了起来，高兴地互相拥抱着。这时，我看到小鑫笑了，小胡激动得哭了。

在这深秋的季节里，我们没有感受到寒冷，而被暖暖的爱包围着。孩子们热爱着这一个班集体，他们有着强烈的班级荣誉感，是班级的小主人。他们用自己的行动为班集体增光。我为他们而感到自豪。

突如其来的小事故并不是运动会的阻碍。小鑫和小胡两位同学以班级利益为重，努力维护班级的荣誉，在校运会上的表现可圈可点。可见，重视班级共建，增强学生的荣誉感是必要的。集体荣誉感，可以使学生不甘落后，积极进取，为了集体荣誉而克服重重困难，创造良好的成绩。那么，班主任应该如何培养学生的集体荣誉感呢？

一是利用集体活动来增强学生的荣誉感。在集体活动中，可以让学生在参与过程中付出努力，深刻体验到集体荣誉与每一个人的努力息息相关，以增强自己的上进心和自我克制能力。班主任可根据班级实际需求开展集体活动，比如班级辩论赛、拔河比赛、朗诵比赛、篮球赛等。在集体活动中，班主任要注意这几个方面的内容：第一，活动要面向班级全部学生，不能忽略极个别同学；第二，班主任要有意识地引导和调动每一位学生的积极性，充分发挥每位学生的特长与创造力，为他们提供一个展示自我的平台。通过活动，促进学生对班级价值的认知感，增强集体意识，使他们感受到集体荣誉和每一个人的付出都是割离不开的。

二是教育学生树立主人翁责任意识。要把班级的事情当作自己的事情，要为班级的利益着想。在强化学生的思想觉悟和奉献精神时，对他们进行适当的物质奖励和精神奖励。这些看起来不怎么起眼的小奖品，那些普通的赞美语句，对学生的进步来说是不可缺少的肯定和认可，能促进学生产生荣誉感和成就感，鼓励学生在新的起点上继续奋勇前行。

在班级共建中，学生的心里有了自己，有了他人，有了班级，他们会更加用心去维护班集体荣誉。这样的班级，大家怎么会不喜欢呢？这样的班级，怎么会建设得不优秀呢？

优化班干队伍，强化自我管理

班干部既是班级的中流砥柱，也是班主任与班级联系的桥梁，是班级活动最为直接的参与者。他们在班级里起着榜样和示范的作用，是班风与学风的代表人物。班干部是班主任开展班级工作的左膀右臂，班主任应重视班级建设，优化班干部队伍，强化班干部的自我管理能力，发挥班干部在管理中的作用。这不但对学生的成长起促进作用，而且能够让班主任从繁重的班务工作中解放出来。怎样优化班干部队伍，加强自我管理呢？

第一，班主任要有正确的学生观。班主任应改变"一言堂""一把手"的管理理念，充分调动起班干部的积极性，充分发挥学生更能走进学生内心世界的优势，增强学生的自我管理能力，把班主任的工作重点从管理转移到指导层面。

第二，让班干部明确自己所承担的职责。班主任要通过民主的方式，制定周详的班干部职责，让每一位班干部都了解自己要履行的权利和义务，以便分工明确地开展班级管理。此外，班主任还要帮助他们建立团队意识，让他们明白自己的工作除了通过个人力量解决之外，更要依靠团队的力量去完成。

第三，对班干部队伍进行系统的培训。授之以鱼，不如授之以渔。由于班干部自身综合素质欠佳和个人阅历有限等不足，在工作中哪怕满腔热血，也会在工作方式上出问题，这就需要班主任对他们进行指导，让他们学习换位思考、为人处世的方法。同时，对他们的工作要敢于放手，以培养他们独立工作的能力。

最后,营造民主管理的班级氛围。班级管理应重视情感因素,建立有效的情感交流方式,让大家在互相欣赏中进行交往,形成和谐的人际关系。班干部如果出现工作失误,班主任应多加理解,用宽大的胸怀去包容,耐心地帮助和引导他们,并且多挖掘他们工作中的闪光点。这样班干部就容易对班主任产生敬佩之情,更好地为班级服务。

谈班干部的任用[①]

上学期我们班转来了一位新生,一个非常可爱的男生李佳航。由于他比较活泼、聪明,所以被我临时任命为副班长。在第一次班会课上,我强调了班干部的职能,以及应该起到的作用。私下里,我还特地叮嘱他作为副班长哪些事应该做,哪些事不能做。当时他频频点头,保证一定认真做好副班长。听到他的保证我欣慰极了。

接下来的几天里,他真的表现很不错。每天早上负责班级的卫生打扫、学生的早读,课间负责班级的纪律等等,总之他真的很卖力。谁承想,好景不长,在我对他充分放心之后的第五天,班级的事情他不负责了。值日生不打扫卫生了,教室变成了垃圾场,早读也不复存在,学生早上一来就是在外面玩,前几天的好现象荡然无存。这还了得,我当即把他找来,和他详谈了一节课,在这期间,他不停地向我认错,保证以后再也不会这样了,我给了他两天作为观察期,他表示认可。

两天的观察期中,他倒是很乖巧,但两天之后又恢复了老样子,这让我很恼火,到我这儿就认错,认完错刚好两天又是老样子,这样的人怎么能当班干部?我当即在班上慎重宣布了对其进行撤职处理,虽然看到被撤职的他一副可怜样儿我也心痛,但他的表现确实不能再胜任副班长一职了。

该怎么帮助他呢?我脑海中灵光一闪,副班长他不能胜任,但让他担

---

① 叶喜兰:《德育小故事:谈班干部的作用》,https://wenku.baidu.com/view/dd8e68b7866fb84ae55c8d99.html。引用时有删改。

任其他班干部兴许可行，以此来调动他的积极性。于是我根据班级的卫生情况，在班级选任卫生委员，让学生自愿报名。我的本意是让他举手然后让他来做，谁知举手的人还很多。我见他也举手了，故意先让其他人说说为什么要当这个班干部，然后再请他来说，他说了一大堆理由，我和同学们都觉得非常好，所以最后大家一致推选他为卫生委员。

有了前两次的经验教训之后，我依旧找他谈话，和他分析了原因，并针对他提出了一些要求，希望他严格按照要求去完成，并每天向我汇报情况。有了这样的要求之后，每天都能见到他在班级中忙碌的身影，班级的卫生工作得到了落实。

李佳航同学在担任副班长一职中，因未能负责任地完成班干部职务，遭到撤职。但班主任明白撤职对李佳航来说不是最佳的教育方法，而应用宽大的胸怀去包容，耐心地去帮助和引导他，最后让李佳航成为一名合格的班干部。这样班干部就容易对班主任产生敬重之情，更好地为班级服务。

班主任应该明确一点：加强班干部的自我管理，不是放手不管，而是大胆任用。班主任要有意识地让学生成为学习的主人、班级的主人，把班级当作是自己的家，妥善去处理班级的事情和人际关系。这不仅能减轻班主任的负担，也能更好地培养学生的自主能力。

尊重个性差异，注重因材施教

孔子是我国伟大的教育家，他倡导因材施教而且躬身实践，培养出来的学生各有所长。

我们应该尊重学生的个性差异，发挥其所长。同一个班级的学生虽然处于发展的同一个阶段，心理活动具备着某种共性或者相似点，但是具体而言，每个学生的心理发展水平或心理活动方式是各有不同的。我们常常听到很多班主任说，这一个学生很安静，学习比较稳定，那一个学生学习差强人意，可动手能力强；这一个学生在音乐上有很大的天赋，那一个学生体育成绩很优秀。这里所提及的，就是学生表现出来的个性差异。学生的个性差异比较复杂，很难简而概之，但是可以通过观察他们的行为、语言和表情获得深入的了解。

著名教育家苏霍姆林斯基说："每一个孩子都是独一无二的，都是一个完全不同的世界。"在班级管理的每一个环节中，班主任都应以学生的个性差异为出发点和落脚点，因人而异，对他们进行有针对性的教导。

著名教育家陶行知先生说："培养教育人和种花木一样，首先要认识花木的特点，区别不同情况给以施肥、浇水和培养教育。"每个取得进步的学生无不有自己的个性、独特的优势，并在激烈的竞争中展示出来。一般而言，对能力强的学生，要充分激发他们自我管理的积极性，尽量让他们进行自我教育；而对能力稍弱或控制能力差的学生，应该注重养成教育的锻炼，必要时还要帮助他们解决问题，由帮扶到放手，依次提升要求。

尊重学生的个性差异,因材施教[①]

李小甫让所有的任课老师都很头疼。你如果想让他上课坐得端端正正,简直比登天还难。当老师正在讲课时,他看到窗帘被风吹动时,就会不顾一切地冲到窗前拉窗帘。老师让他回答问题时,他会情不自禁地跑到老师面前,任老师怎么批评他就跟没听见一样。可是,他也有优点,他的记忆力特别好,读过的文章,能原封不动地复述下来,要求背诵的课文,读两三遍就能背下来。读课文更是读得有模有样。

有一次我们学习课文《从现在开始》,课文讲的是动物王国要选一个动物当森林之王,然后写了动物们当上森林之王后的不同表现。我要求同学们分角色读出它们当上大王之后的语气,表现出它们的神态。可是这时我看到李小甫正歪歪扭扭地坐在那里,好像没听课。下课后我让他拿着课本到办公室读给我听。我们办公室有二十多位老师,可是李小甫根本不在意这些,大声地读起来。大王的那种语气、神态,他活灵活现地表现出来了,这让老师们都很吃惊。我想对于这样一个学生,我何不扬长避短,发挥他的特长呢?于是我经常找机会让他读课文,并让他每天早晨领读课文,渐渐地他开始专心读书了,小动作越来越少了。通过这件事,我觉得作为老师要善于发现孩子的闪光点,利用这个闪光点引导孩子专心学习,比一味地要求孩子这样做那样做效果更好。

不同个性的学生适合担任不同的职务,这样他们比较容易在与其个性相匹配的职务上作出成绩。学生与学生之间,虽然存在认识、兴趣、气质、性格、能力等个性差异,但是他们的潜能都是很大的,这需要加以挖掘。因此,作为班主任,首要的任务就是清楚学生的不同个性,并依据他们的个性安排不同的职务。李小甫同学不遵守课堂纪律,令大家头疼不已。班主任刘老师充分挖掘李小甫的闪光点,让他在晨会中领读,体验成功的喜悦,逐渐

[①] 刘玉翠:《尊重学生的个性差异,因材施教》,http://www.sohu.com/a/125251194_529075。引用时有删改。

克服不良习惯。以此类推，如艺术素养较高的学生，可以担任文艺委员；劳动操作能力强的学生，可以担任劳动委员；学习成绩优秀的学生，可以担任学习委员。安排职务就是要做到人尽其才，让每一位学生发挥其最大的优势，使其潜能得以充分开发，满足他们的个性发展。

在班级管理中，班主任要认识到个性差异的存在意义，尊重学生的个性差异，坚持"因材施教"的教育原则，促进学生全面发展，使他们成为有个性、有特长的合格公民。

管理张弛有度，加强心理关怀

睿智的班主任都懂得，班级管理有一个"木桶原理"，即哪一个部分出现短板都会对整个木桶产生决定性影响。很多时候，被忽视的那一块木板正是决定性因素。班级管理不是个体管理，而是整体管理，只要某个方面出现问题，就会影响整体发展，因而一个学生出问题往往影响整个班级的发展。

班级事务细碎而繁多，管理学生如何把握分寸？关键在于张弛有度，否则就会过犹不及。

简要地说，班主任需要掌握的是规章制度，而且是体现学生意志的规章制度。俗话说：没有规矩不成方圆。规章制度可以促使形成与班级要求相吻合的行为规范，保证班级顺利开展各项活动。此外，要尊重学生的个性，这是实施规章制度的基础。

促使学生信服、认同的根本，在于管理要有针对性、合理性和公正性。一方面，规范学生行为的指标设计、评价方法应针对具体情况而制定。不应求全责备、太过严苛，超越学生能执行的范围；也不能降低标准、太过宽松，不然难以达到预期效果；同时，要找出行为规范的重点，让学生明确知道哪一些可以做，哪一些不可以做。另一方面，采取的评价方式必须保证面向全体学生，不可以偏袒部分学生。还需要奖惩并重，该奖励的就奖励，要惩罚的绝不姑息。

学生在学习中付出了努力，班主任除了及时地肯定学生外，还要加强对学生的关怀。那么，班主任应该怎样去加强对学生的关怀呢？

第一，深入了解学生情况。了解是关怀的认识基础，是正确教育和评价学生的前提条件。特别是对于后进生来说，要了解每一位学生的思想状况和个性特征，以促进他们美好的品质趋于完善，以让所有的不足得到修补。了解学生，就是用心倾听他们的心声、察看他们的言行、体会他们的苦乐。了解学生，就是关注他们的需求，并及时予以帮助。

任何一个学生都是独特的存在，是班级中不可缺少的一分子，班主任应该给予每个学生同等的关注。由于学生较多，班主任常用一对多的方式进行交往，这容易无意中让一些学生淡出关注的视线。关怀不应有大小之别，也不应有轻重之分，对每一位渴望关怀与关注的学生都应给予及时回应。

第二，帮助学生管理情绪。主要是指帮助学生疏导负面的、不良的情绪，保持健康的、稳定的情绪。情绪既不能压抑，也不要放纵，要积极引导，比如，班主任组织学生每天做一定量的体育运动或者游戏等，这容易让学生有效宣泄出不良的情绪，从中感到快乐，变得更加自信。还可以进行心理团体辅导活动，通过团体内人际交互作用，调整和改善与他人的关系，缓解心情压力。

帮助学生管理情绪，首先要指导学生正视产生该种情绪的原因，其次要教学生进行自我疏导、自我发泄。班主任应该明确地告诉学生，过于压抑情绪不利于心理健康，应适时发泄出来，比如找亲朋好友倾诉，让压抑的心情得到舒缓。学生在倾诉过程中，一般会获得情感的慰藉，以及解决问题的思路，从中增强克服困难的自信心。

第三，及时把握教育契机。如果学生犯错，在他们感到不安、羞愧，认识到错误时，是给予关怀的最佳时机。当然，在这个过程中他们的思想可能会出现波动，这就要求班主任加强引导，以求最后稳定下来。

关怀要着眼于学生的成长。对于学生的教育，有些是属于心理问题，有些是归于思想问题。作为一名教育工作者，班主任要利用所学的知识，把握学生的心理特点，张弛有度地进行引导，从关怀入手，用真诚和爱心让学生在正道上越走越好，顺利健康地成长。

管理应分层次，教育应重全面

"培养教育人和种花木一样，首先要认识花木的特点，区别不同情况给以施肥、浇水和培养教育。"这与新课程改革的理念异曲同工，以"学生发展为本"，让学生富有个性地、主动地、健康地成长。这个理念亦体现在实施分层管理上。分层管理是依据学生的实际情况进行的因材施教，是在全面了解学生实际情况的基础上进行针对性的教育，力求使每一个层次的学生都能获得最好的发展。

班主任如何在班级管理中进行分层？管理分层有不同的依据。

第一，依据学生的学习偏好进行分层。一般来说，学习成绩比较好、自我要求比较高的学生，大多求知欲旺盛，班主任可以把他们组织起来，成立兴趣小组，对他们提出更高的要求，让他们学有所向；而成绩比较弱、自我管理比较差的学生，可以成立自强小组，班主任平时要多给予他们关心和帮助，让他们奋起直追。

第二，依据学生的自控能力进行分层。对那些自制能力较强的学生，可以让他们担任班干部，促使他们在服务中提升自我，锻炼自我，并且带领大家向前进。在班级里面，自制力能力较强的学生往往起着榜样示范作用。他们在班里担任着干部职责，用实际行动感染和带动班上的学生，最终形成自律的班级风气。

第三，依据学生的竞争意识进行分层。竞争意识是力求压倒或胜过对方的一种心理状态。学生的竞争意识有强有弱，强的常常表现为积极进取，弱的一般表现为淡泊宁静，没有好坏之分。分层管理是为了更有针对性地给学生提供指导和帮助，同时让学生利用自己的长处帮助其他同学，形成合力。

在实施分层管理的时候，要坚持面向全班，使得每一个层次的学生都可以得到比较好的发展。针对学生的不同情况进行分层管理，有利于学生各取所长，扬长避短，更好地彰显个性。

我的班级管理[①]

记得刚带班时，班里的纪律委员和班长就经常找我诉苦，说老师不在的时候教室里是如何如何的乱，他们是如何如何管不了等等。细细想来，乱和管不了的原因还是比较具有历史性的。首先，小学阶段的孩子们自制力较差，不能有效地约束自己；其次，在50多人的班级里，学生长期面对两个班委的管理，形成了一定的免疫力，说管不了，一点都不过分。经过慎重思考，结合着量化管理的细则，我对班内的班干部设置进行了调整。

首先，我取消班长和纪律委员的职务，把全班12个小组按3组一片分为了4片，每一片设立一个有责任心的片长负责维持该片的课堂纪律，同时，各片的小组长（即1号学生）对片长进行辅助管理。这样，就形成了一个从片长到组长再到组员的层次化管理模式。在维持好自己片区纪律的前提下，各片长和组长还需要随时和我交流整个班级当天的纪律情况。其次，每天下午由我对各片当天的综合表现进行评价，并给予优秀片区相应的积分。

虽然这种片区管理模式有一定的强制性和功利性，有一部分学生也许不是真的想做到多么好，而仅仅是为了争取那优秀片区的积分而已，但是从另一方面也说明了这些学生已经初步拥有了集体荣誉感，已经拥有了"天天向上"的动力。

如果将分层管理视作对草坪、灌木和大树的不同层次的栽培养育，则照

[①] 王小丹：《我的班级管理》，http://blog.sina.com.cn/s/blog_4e4fd51b0100cby1.html。引用时有删改。

顾整个森林资源才是全面性的教育。分层管理与教育全面性一脉相承，不能顾彼失此。教育应注重面性，要重视每一位学生的个性与潜能，追求充分和可持续性的发展。这种教育理念绝不能停留于口号和思想层面上，而要落实到行动中，通过各种班级管理实践来实现。

第一，融德育于教学中。德育作为一种心灵与精神的沟通方式正逐渐受到教育者的重视，这是最为细腻的教育艺术领域。德育是班主任的首要工作，要切近学生的内心想法，符合学生思维的特点，这就要求有目的性和针对性，才能产生效果。

在紧张的期中考试前，班上发生了这样一则小插曲：课间，张良四周围着几个同学，他们在叽叽喳喳地讨论着什么，时不时发出些笑声，好不热闹。突然，有个女生好像发现了新大陆，嗓门一扯，激动地喊起来："老师，张良带玩具来学校了。"一瞬间，教室里鸦雀无声，静得好像一根针掉下来也能听得见。大家将目光投到我身上，想看我怎样处理。我看到那几个围着张良的同学灰溜溜地回到自己的位置上，张良马上将自己的手缩进课桌里面，下意识地保护着自己抽屉里的玩具。我甚是生气，心想："真是不守纪律的孩子呀！上一周刚明确不允许带玩具回校，才过几天就要挑战班级纪律呀。"我走过去，准备来个"杀鸡儆猴"。可转眼一想，何不来个"请君入瓮"？于是，我清了下嗓子，对同学们说："张良的玩具是老师要求他帮忙带的，因为等下老师上课需要一个玩具作为教学用具。"又转向张良，"张良呀，老师上次叫你带来的玩具，你带来了吗？这节课老师要用它来做教具上课的哦。"我眼睛专注地看着张良，等他回答。他愣了下，然后慢吞吞地说："老师，我……我带来了。""那么，你将它给我，我等下要用哦。"张良迟疑了下，将玩具交给了我。我接过玩具，告诉同学们说："你们要向张良学习，老师上周已经提醒大家不能带玩具来学校了，要好好准备考试。张良同学很听话，得到了老师的应允才带来的，其他同学们也要这样去做哦。"同学们恍然大悟地说："老师，我们知道了。"

然后，那节课，我临时修改教案，利用张良的玩具作为整节课的嘉宾，让它带着同学们闯关完成教学任务。那节课，张良听得特别认真，因为它的玩具在课堂上大放光彩。课后，我找到张良，感谢了他给老师提供了这么棒的教具。张良听后，不好意思地说："老师，谢谢您没有没收我的玩具！我会好好学习，下次再也不违反纪律将玩具带来学校了。"

听到这一番话，我顿时有所感悟，我将宽容融进了品德教育，给他解围和改正错误的机会，不仅达到了教育的目的，也增进了师生的感情。

第二，融德育于体育中。体育中囊括着丰富的人生哲理、心理知识和锻炼方法等。将德育与体育融合，在娱乐身心、发展智力的同时，也能加强德育工作。

一场"拔河比赛"引发的体育德育教育[①]

开始了，场面由低潮转向高潮，同学们的欢呼声、跺脚声融成一片。好不容易等到猛虎队对战雄鹰队，猛虎队男同学马上上阵，摆好了姿势，成"工"部式，用脚顶着脚，勾住脚；身子往后倾，双手好像铁钳似的，用力抓住拔河绳。哨声一响，同学们便使出全力，像一只只"猛虎"似的。猛虎队在拉拉队的呐喊中腿不断地往后移，越挪越远，红领巾从中点慢慢地向猛虎队这边移。眼看猛虎队就要胜利了，雄鹰队也不甘示弱，队员个个使出九牛二虎之力，腮帮子鼓起，面红耳赤，像一个个钢铁战士。雄鹰队拉拉队的队员更是喊破了嗓子，为其队员加油，可是不管怎么样，他们的实力还是略差。眼看雄鹰队就要失败了，这时候发生了一件意想不到的事，猛虎队有几位队员突然松了手，导致雄鹰队的队员摔了一地。由于事情发生得太突然了，我们当即暂停了比赛活动，及时就出现的问题组织讨论。

[①] 黄萍：《一场"拔河比赛"引发的体育德育教育》，《运动》2014年第18期。引用时有删改。

安全意识的培养

在拔河比赛中，猛虎队的个别同学恶作剧似的突然松手，使雄鹰队的同学摔倒一地。我因势利导，模拟事故现场可能发生的危险情况，让当事人来剖析自己的行为恰当与否。经过反思，学生都表示这样做非常危险，有的学生说容易导致摔伤、有的说会发生踩踏事件、有的说会造成同学的骨折或扭伤等。学生在反思中提高了应对突发问题的能力，并对突发事件有了更深刻的认识——自己的一些不良行为可能会导致难以预料的后果，毕竟安全责任重于泰山。

责任感的培养

这场拔河比赛让学生学会了担当，担当是中华民族的传统美德，且体育道德也要求学生要敢于担当，勇于承认错误。承认错误是一种负责任的表现，人非圣贤，孰能无过，能够认识并改之，则善莫大焉，而勇于承担错误所造成的后果更能考验当事人的勇气和人品。在这次拔河比赛后，猛虎队松手的队员反思后主动向雄鹰队受伤的队员进行赔礼、道歉。

集体荣誉感的培养

成员之间只有齐心协力、真诚合作、团结友爱才能取得胜利，才能感受到集体荣誉带来的快乐。一场拔河比赛，仅几分钟，每一个成员都置身于集体之中，团队胜利了，大家分享集体的荣誉；失败了，每一个成员共同承担责任并进行自省，团队荣，我则荣，团队耻，我亦耻，从而培养他们的集体荣誉感。一次次的经历，一次次的领悟，他们的心胸越来越开阔，装在心中的不只有个人，还有集体。经过组织不同组别的拔河比赛，一段时间后，同学们的集体意识有了明显的提高，同学之间不再那么自私自利了，做事能互相合作、齐心协力了，在集体活动中表现出强大的凝聚力。

公平竞争意识的培养

体育竞赛具有激烈的竞争性，比赛中大家要遵守规则、服从裁决，形成公平的竞争意识。比赛中的胜负固然重要，但良好的体育道德风尚则更为重要。因此，它要求参加者既要顽强拼搏、勇于争胜，又要平等相处、互相尊重。不仅要赢得比赛的胜利，还要依靠自身良好的美德赢得他人的敬重和钦佩。比赛要凭借自己的实力赢得成功，不能靠投机取巧。这就是说，竞争的手段要正当、光明，要符合道德规范和比赛规则。例如，在这场拔河比赛中，故意松手就是不光彩、不道德的行为。在体育比赛中，运动员、裁判员、拉拉队队员以及观众都要认真贯彻和遵循尊重他人的原则，做到互相尊重、团结协作、齐心协力、奋勇拼搏，在竞赛中体现出公平竞争的比赛作风，在"人人敬我，我敬人人"的氛围中提高竞技水平，从而促进社会主义精神文明的建设。

拔河比赛是一种考验班级团结的活动。在拔河比赛这项体育活动中，班主任将德育融于体育中，培养学生的安全意识、责任感、集体荣誉感和公平竞争意识，让学生亲身感受，德育效果很好。

第三，融德育于美育中。我国近代教育家蔡元培先生说："纯粹之美育，所以陶养吾人之感情，使有高尚纯洁之习惯，而使人我之见、利己损人之思念，以渐消沮者也。"古希腊哲学家柏拉图也说："美育像从一种清幽境界呼吸一阵清风，来呼吸它们的好影响，使他们不知不觉地培养起融美于心灵的习惯。"由此可见，无论中外，教育者都发现美育如春风滋润人心，起到净化心灵作用。比如，随着学生年龄的增长，我们发现高年级女生喜欢穿超短牛仔裤，化淡妆，男生喜欢留长刘海。他们将心思花在外表打扮上，自然而然就少了精力去学习，成绩受影响不言而喻。我们决定利用一次班会课让学生了解服装和发型对于整个人精神面貌的重要性，结合服装艺术和发型特点，引导学生懂得如何打扮才能体现青少年的青春活力，做到仪表美，提高他们的审美能力。平时，可借助网络资源平台，组织学生们观看适合他们年龄特点的影片等，指导他们多读一些优秀艺术作品，丰富他们的精神世界。

第四，融德育于劳动中。苏霍姆林斯基认为："劳动教育的最根本价值就是对学生进行思想教育，劳动教育不仅可使人的思想面貌有大的改观，能丰富、充实人的精神生活，提高人的道德感和审美情操，而且能培养人的创造性劳动态度，使人们不但把劳动看成生活所必须，而且把劳动变成一种生活享受、生活乐趣，变成幸福和快乐的源泉。"苏霍姆林斯基教过一个叫尼科拉的学生，尼科拉小时候学习十分吃力，而使他从灰心丧气中振作起来的竟是他在一次树木嫁接中取得成功。这一成功对他学习的推动是如此之大，以至于他的老师都感到学生胜过自己的水平了。毕业以后，尼科拉考上大学，后来成为出色的农学家。

有经验的班主任或许有这样一种感觉：越是要求原本学习兴趣淡薄、行为举止不够端正的学生学习，教育效果越是不理想。相反，如果让这些学生去劳作，他们兴趣盎然，自信心十足，结果表现非常好。劳动让原本无法在学习上获得肯定的学生获得自尊感和自信心，如果这份力量转移到学习上，他们的智力将获得很大发展。对于班上学习处于中下游的学生，可安排他们担任班上劳作小能手，比如帮忙布置学校活动现场。当他们经过一番忙碌，看到自己布置的现场成果时，心中肯定是无比欢乐的。我们再告诉他们，学习也是如此，辛苦过后，会收获成功的喜悦，以此一点一点增加他们学习的兴致。

对于班级管理来说，管理应分层次、分维度。教育不可能仅依靠单一力量完成，需要各方面相互渗透、相互促进。

细心敏锐观察，静待学生花开

每一个孩子都是一朵花，只是花期不同而已，我们要做的就是"静待花开"。在等待开花之前，我们应细心敏锐观察，善于捕捉花朵待放的细节，并相机进行促进。这一切都在"润物细无声"中进行，结果看到的就是"花开"的精彩。

学生的有些问题很细微，出现的时间短暂，这时候，班主任如果用一双敏锐的双眼去洞察，去分析，就容易掌握他们的情况，能更好地引导他们走出困境。如何观察？

第一，明确观察目的。教育观察是有目的的研究活动，班主任只有搞清楚观察的目的，才能收集到更确切有效的资料，才能确保观察的有效性。学生是动态的个体，会参与很多活动，如果班主任缺少观察的目的，行动则像无头苍蝇——乱撞。

在某次单元测验巡堂检查学生的作答情况时，我发现张某桌面的右下角刻写了一些追星的话语，"鹿晗，我爱你！""鹿晗，你是我心中的日月"等，还发现她的书套、笔记本和衣服等都是鹿晗系列的图案。单元考成绩出来后，她的成绩出现了明显的下滑，连最基本的学习内容记得也不是很清楚。她的成绩滑落是否与盲目追星有联系呢？带着这个目的，我展开了观察。

我观察她在课堂上的纪律表现，注意力不专注、精神涣散，会趁老师不注意的时候，在桌面上写写画画。后来她坦白，那些都是她想送给鹿晗的图画和信件;我还观察她课后的行为,她一下课就与几位"志同道合"的女生兴奋地讨论鹿晗的动态,甚至约好一起攒钱去看演唱会;对比她开学前几周和现在的作业,以前字迹工整,现在字迹潦草,甚至有几次缺做;她的座位还放了许多鹿晗的贴纸、海报等。据其父母说,她迷恋鹿晗、疯狂追星,怎么打骂、催促她做作业也不行……这些观察都足以说明,张某学业上的退步正是盲目追星所致。

我单独约了张某到办公室谈话,严肃地看着她说道:"据老师观察,你可是一枚鹿晗铁粉哦!"我又说:"我也挺喜欢鹿晗的,你能和我一起看下他的节目吗?"她似乎不敢相信自己的耳朵,抬起头惊讶地看着我。"方便和老师一起看下吗?"她迟疑了下,然后点了点头。我打开了鹿晗辛苦彩排节目的视频,静静地陪着她看完。

视频播放完后,我轻轻地说:"鹿晗真是个既帅气又能吃苦耐劳的小伙子呀!这么辛苦的彩排都能坚持下来,真不愧是位让我喜欢的新生代偶像呀!小张,你喜欢鹿晗哪些方面呢?"张某想了想,然后摇了摇头。"不清楚吗?"我趁机问。她点了点头。"其实,老师年轻的时候也追星。那时候,我为什么那么喜欢明星?就是觉得很酷,很有青春活力!我也买了很多明星海报,将他们的歌曲都唱熟了。"我亲切的话语让她找到了想要倾诉的对象,她开始说话了:"老师,你也那么喜欢明星吗?""是呀,追星是很正常的事情。"我回答。她愤愤地说:"我也觉得追星是很正常的事情,但是家里人都不同意,为此我们还闹矛盾了呢!""但是我的追星可和你的方式不同哦。"我将自己的追星观分享给她:追星是为了追求明星的亮点,学习明星好的东西,并以此为榜样,在学习和生活中严格要求自己,培养自己奋进的精神。然后我将此观点与她的表现进行比较,让她明白,自己的追星并不科学,所以带来的后果令人担忧。同时把她因追星方式不对造成学业、生活上的退步情况一一道来,并给她例举了几个著名的追星成功与失败的案例。她心悦诚服地说:"老师,你真神了!对我的事情分析得好透彻呀!我之前的做法真的太不负责任了。我要好好反省下,学习你的追星方式,将明星作为我学习的榜样。"看着她豁然开朗的笑容,我也露出了欣慰的笑容。

因为心中已明确"她的成绩滑落与盲目追星有联系"这个观察目的,所以,在整个观察过程中我们是有针对性的。由于观察目的明确,较好地找到了张某成绩滑落的原因,教育富有针对性,效果事半功倍。

第二,力求观察客观。班主任在观察学生的过程中,经常会伴随一定的情感倾向,比如看到学生助人为乐,积极勤奋去学习时,一定会感到心情愉悦;看到学生调皮捣蛋,口出秽言时,一般都会觉得心情烦闷。以客观的态度去观察学生很有必要,时刻谨记自己为什么观察,不被观察对象的"好坏"影响,这样才能切合事实,达到教育目的。

做一名会观察的班主任[①]

我们班的阿斌,个子不高,身材瘦弱,平时沉默寡言,性格内向,学习成绩一般。一天晚自习,我踏着铃声走进教室,没穿校服的阿斌映入眼帘,我的第一反应是:他怎么会不穿校服?我没有出声。只见他弓着身子,弯着腰好像在找什么东西,经同学提醒才回到座位上。大家安静后,我走到他的身边,轻声问道:"怎么没穿校服?""我不念了。"他回答得干脆而生硬,火药味浓重,充满了敌意。我立刻意识到不妙,英明的班主任一定不是战争的发起者,而是战争的化解者。我努力在脑海里寻找着他产生敌意的原因,突然想起阿斌想请假回家,被我拒绝。我立刻将话锋一转:"有什么事要回家?""没事。"他表情淡定,心里却在赌气。我立刻意识到他这身"帅气"的打扮是给我看的,是在表示抗议。我将他请到了办公室,与他促膝而谈,了解到阿斌的爸爸在外打工回不来,家里农活只有妈妈一个人操持,妈妈下个月要进行手术,阿斌让妈妈停下农活,等放假与她一块干,可妈妈不肯,这才……听着阿斌的叙述,我的眼泪在眼眶里打转:"多好的孩子,多

[①] 陈宝平、王顺萍:《做一名会观察的班主任》,《新课程(下)》2012年第4期。引用时有删改。

好的学生!"我很内疚,在阿斌的身上,我看到了孝顺与善良。

作为班主任,我们只有具备了母亲般的眼睛,学会了细致的观察,才能了解学生内心的变化,走进学生的心灵,与学生进行心与心的交流,做学生的知心朋友,这有利于开展伙伴式的引导教育。

"我"对于突然而起的"矛盾",能临危不乱,最终化干戈为玉帛,凭的是客观观察。"我"看到阿斌没有穿校服,并没有采取批评指责或直接询问的方式,而是先观察阿斌的系列反应。阿斌"弓着身子,弯着腰""经同学提醒才回到座位上",以及他的"敌意""表情淡定,心里却在赌气"等,都在"我"的观察范围内。结合对阿斌"平时沉默寡言,性格内向"的印象,以及事前阿斌想请假回家,被"我"拒绝等,"我"明白了自习课的"战争"事出有因,解决问题也有了方向性。

没有客观观察,就难以究察原因。欲要看究竟,处处需留心。班主任要用一双善于观察的眼睛,捕捉学生细微的变化,了解他们的需求,才能等到花开的那一天。

堵防疏导结合，尊重发展规律

堵防与疏导是一对兄弟，可以说形影不离。堵防是以断源为目的，预防为手段；疏导，意为开导，打通脉络、开拓道路。班级管理以预防为首，未雨绸缪是最好的选择；以疏导为主，适当引导是最好的平衡。堵防疏导紧密结合，才能取得良好的效果。

堵防是较为简单粗糙的手段，虽然在一定程度上减少了烦恼，但有时会适得其反。比如，班主任为了制止学生迟到早退，就想出了座位排号、课前点名等手段，对迟到早退的学生采取罚抄、扣分等方式进行惩罚，但是这种做法没有遵循学生的发展规律，不符合学生的心理特点，容易使学生产生抵触情绪，效果令人担忧。

疏导教育是较为具体细致的做法，主要运用语言或者非语言来与学生沟通，改变他们的认知、信念、情感态度或行为等，从而达到减少、消除消极心理和行为方式的目的。青少年学生正处于世界观、价值观、人生观逐渐形成的重要阶段，伴随着自我意识的成长，他们的行为具有独立性、自主性。如果简单地堵防，不仅压抑学生的个性发展，而且容易让学生产生逆反心理。

"清理水道，使之畅通。"疏导主要以准确、鲜明、生动、灵活、亲切、适当、合理的语言与学生沟通，帮助他们自我领悟、自我认识和自我矫正。

教育学生最基本的策略——疏导[①]

面临中考，学生偏偏在这最紧张的时期，几乎每人都买了一本精致的同学留言簿，花样之多，需要填的内容之广，令人惊讶。同学们要相互交换填写，也就是说，班里有50个人，你就得填49份这样的活页，还要根据自己对这49位同学不同的认识和感情，写出49段赠言，当然还要分别贴上照片。很多同学无论课上还是课下，明着暗着干这件事，真是费时又劳神，对学习影响很大。班主任发现后，一般有三种做法：一是下严禁命令，一经发现谁写同学录，就撕毁或没收。其结果是：学生对老师很反感，写同学录改为地下活动。二是老师用温和的语言教育学生不要干与学习无关的事，这样会影响考试。学生听了心悦诚服，但还是明里暗里还在写。三是老师发现后，微笑着说："同学们忙着写分别的留言吧，可别忘了我呀（同学们一阵欢呼）。不过，同学们不要课上课下地忙这件事了，你们都准备好留言的活页，我们周一班会时相互交换，用二十分钟时间写留言。交回原主后，谁觉得给自己写的留言好，又愿意读给大家听的，我们大家就共同欣赏一下。我们班会的主题就是'留言——留恋'。这样好不好？"同学们又是一阵欢呼。

周一的班会，同学们在班干部的带领下做了精心的布置，班会开得动情而热烈，有笑声，有掌声。有时又感到像是马上就要分别了，又有几分伤感。班会后，写同学录的事销声匿迹了，同学们又心情愉快地进入了紧张的学习中。

临近毕业之际，学生总会因为舍不得班上的同学而采用一些方式来纪念这段青春岁月，毕业留言当属最为常见的纪念方式了。但学生急于赠言的行为影响了学习，如果堵着不让他们写，则会让他们反感。班主任理解学生的感受，化堵为疏。在"留言——留恋"的班会中，学生分享了依依不舍之情，在情感宣泄后，心情变得愉悦了，又投入到紧张的学习中。

[①] 张书森：《教育学生最基本的策略——疏导》，http://blog.sina.com.cn/s/blog_49fdd49d01000bft.html。引用时有删改。

无论是进行堵防或者疏导，班主任都应该注意一些问题：其一，要综合学生的个性特点、思想状况和接受层次。其二，要对学生的本身作出裁断和衡量。教育方法不是万能的，不同的学生要使用不同的教育方法，哪怕同一个学生在不同时间段里，也要用不同的方法。选择堵防或者疏导，班主任要视具体情况而定，这样才能更好地教育学生。

第三章
以爱唤爱，讲究激励艺术

按理说，班主任多激励学生有利于提高学生的积极性，然而事实上存在这样的现象：有的班主任对学生激励较多，但学生的积极性并没有提高。这引发了我们的思考：是不是激励方式不妥当？

鲁迅说："教育根植于爱。"教育理应伴随着爱，让爱与学生一起成长。语言是表达情感最有效的方式，说话是冷淡的，还是热情的，是委婉的，还是直接的，效果完全不同。比如，对于性格内敛的学生，或许要委婉地表明自己对其的关心。如果直接说明，则让学生难以接受；对于爱面子的学生，当他完成一项很棒的任务时，可立即当众称赞，这比事后再多夸奖的话语都有效。如此说来，爱与激励是一种互相滋养的关系。如果说从激励中感受到爱，那一定也可以从爱中感受到激励。

班主任应该运用什么方式激励学生，以爱唤爱呢？

加强师生沟通，心与心零距离

"真正的教育是心心相印的活动，唯独从心里发出来的才能达到心的深处。"沟通是班主任的重要工作，要教育好学生，班主任就要重视和学生的沟通。

提到沟通，很多班主任叫苦不迭："有些学生真顽固啊，沟通为何这么困难呢？他的这个问题，我都跟他沟通好几回了，依然不奏效。之前说的话都好像耳边风，左耳进右耳出。"这一番话，不禁让人脑海中浮现出老师苦口婆心地劝说，学生却无动于衷的画面。是的，如果学生不愿意把自己的欢乐和痛苦告诉老师，不愿意与老师开诚相见，那么谈论任何教育总归难以有效。为什么会出现这种情况？主要是没有掌握好沟通的方式，为了沟通而沟通，从而让沟通充满功利性、形式性等问题。

表现一：沟通失真。不少班主任在做学生的思想工作时，语言呆板，没感染力，与学生之间缺乏亲近感。在这样的教育情景里，班主任做了大量的沟通工作，但效果差强人意，无法走进学生的内心。例如，在办公室里，某班主任苦口婆心地教导一个沉迷游戏的男学生："你现在不能沉迷游戏。对网络游戏上瘾了，危害多多。你的成绩会下降，还会影响自己和家里人的关系。你看看现在的成绩，之前在班级能排名前十五，现在都三十几名了。"班主任用直白的语言，劝诫学生莫迷恋游戏。班主任的初衷是好的，但语言是苍白无力的，对于在游戏中沉迷的学生来说，难以触动心灵，效果肯定不好。

表现二：沟通空洞。从表面上看，班主任与学生在沟通，而实际是空洞说教。班主任掌握着话语权，嘴边老是带着"是不是呢""对不对啊""知道不知道呀""明白了吗"等假定性提问的词语，气势咄咄逼人，容不得学生辩说，缺少平等的交流。例如，班主任对课堂上打瞌睡、不爱做作业的学生说："你身为一名学生，上课经常睡觉、不做作业，是不对的，你知不知道呢？""这会影响你的学习成绩，对不对呀？""以后要认真学习，明白了吗？"这位班主任力图通过"是"或"不是"来确定学生是否听从自己的教育，判断自己的教育是否有效果。可"是"或"不是"是单一的选择，内容空洞，其效果可想而知。

表现三：沟通带偏见。带有偏见性的沟通，往往适得其反。比如，优生犯了错误，班主任常常会宽容地说："没关系的，你平时那么优秀，这次错误是无意之举，只要你改正，你还是老师心目中优秀的孩子。"而看到调皮的学生犯错了，班主任就会生气地说："你一直都这样不懂事，纪律差，学习也差，真不让老师省心。再这样下去，你就没有书读了。"班主任带着偏见去教育学生，以为优生的失误是一时的，后进生的失误是"老毛病"。用平时的表现作为衡量沟通的标准，无论对谁而言，这种判断都是片面的。

如何进行有效沟通？可以这样做：

第一，与学生一起"混"。在课后，放下教师架子，与学生一起玩游戏，聊聊他们近期喜爱的电视节目；午饭时间，和他们共进午餐，一边谈谈上学的事情，一边了解学生的诉求；有时，也向他们说说苦恼、爱好和期待。做一个有血有肉的班主任，学生觉得亲近，更容易赢得学生的信赖，教育就是水到渠成的事情。

第二，营造轻松氛围。与学生谈话时，找一个既有安全感又显得轻松的地方。很多班主任习惯性地把学生带到办公室进行教育，当着很多教师的面批评他们。学生肯定觉得颜面丢失，哪还有耐心倾听老师的教育？不如换一个地方，如花圃、草坪、走廊等，促膝长谈，学生更乐意接受教育。

做一名沟通得法的班主任[①]

小乾是一个比较调皮的学生，开学后不久的一节班会课上，不知何事挑动了他的兴奋点，我讲话时，他总不断接上几句与班会内容无关的冷笑话，让其他学生跟着起哄大笑，课堂纪律出现短时间失控状态。我气上心头，恨不得立刻把这个捣乱分子当众批评一顿，然后将他"发配"到办公室，也给其他学生来个"杀鸡儆猴"。但是我迅速地调整了一下情绪，停止了讲话，同时将犀利目光集中在了小乾的身上，很快小乾和班上学生对气氛的突然转变有所察觉，班级纪律得到了控制，教室里安静了下来。小乾也有点不好意思地低下头，不再捣乱了，班会得以顺利完成。

课间我找到了小乾，与他一起坐在办公室旁边的大树下，聊起了他读高中以来各科的学习情况、家庭情况、他的优缺点，以及他对我这个新班主任的印象等等。听我讲话，他脸上露出了惊讶的神色，不知为何我这个新班主任对他的情况会如此了解。其实这背后有赖于开学初，我与他以前的老师以及他父母进行了几次通话，对他有比较详细的了解。借着气氛融洽的时机，我对他在班会课上的不当行为作出了善意的提醒。首先，我肯定了他是一个有礼貌、有胸怀的男生，课间总会热情地与老师打招呼，哪怕这位老师曾批评过他。我建议他把这个优点带到课堂上，鼓励他以正确的方式表现自己。其次，引导他学会换位思考，例如，我问他"你与同学或家人讲话时，如果被人打断了，你是否认为这个人很不礼貌，而且会很生气？"等。最后，我和他达成了一个约定，即"三个适当"和"行无贰过"，即适当的时间适当的地方做适当的事情，犯过的错误不再犯。

这次私下愉快的"拉家常式"的沟通，不仅节省了课堂时间，又维护了学生的自尊心。心存感激的小乾由此知道老师会时刻关注自己，并经常会与家长沟通他的家校表现，再不敢轻易造次。而在约定的督促作用下，他的表现也有了很大的进步。

[①] 巫韶军：《做一名沟通得法的班主任》，《广东教育（综合版）》2017年第12期。引用时有删改。

第三，降低姿态。我们应该学习母亲"蹲下身子来看看孩子的世界"。如果班主任常采用训斥、罚站、罚抄、责骂等粗暴方式对待犯错误的学生，学生会缺乏安全感，教育也无从谈起。善于倾听，才能明白应该怎么说，怎么做。在倾听的过程中，讲究门道：柔和地看着学生，让学生感受到班主任对自己的重视。而不是用简单的语言或者"嗯""哦"的声音，对学生的话语进行回应，表示自己在听。这样，学生就乐意继续说下去。

第四，抓住教育契机。教育契机是促进学生进步的关键，经常出现但不容易把握住。善于思考的班主任常常善于抓住教育契机，对学生进行适时教育，以达到温暖情感、转变观念、提升境界的教育目标。抓住教育契机，有利于与学生的心灵产生共鸣，比大费周折讲大道理的效果好得多。比如，抓住节日活动，对学生进行人文教育，培养健康的情感；利用每个学期的开学日，对学生进行养成教育，为一学期的学习奠定基础；班上有同学不舒服了，可以借助契机，教育同学们关爱他人、帮助他人；班级学生发生矛盾了，借机教育孩子们学会宽容待人……

打　赌[①]
——班主任教学案例

周泽参加了田径比赛，王静波打赌他不会取得名次，赌注是一块钱。结果周泽在男子仰卧起坐中获得了第三名的好成绩，周泽便向王静波索要赌金。王静波却说他打赌的是总成绩，因此不给。周泽不服，两人便由拌嘴上升到动手，由动手演变到动板凳。我了解了整个事情的经过，通过让他们自己反省处理了这件事情。

虽然我制止了他们之间的打斗行为，可是班上的打赌之风随时有可能引发"战争"。我作为班主任，怎样才能将这股不正之风刹住呢？第二天，午会课上同学们等待着我开的是思想教育课和点名批评课，一个个脸色严肃，坐得端端正正。我和颜悦色地对同学们说："今天，老师也想和同学们打个

---

① 黄琼《打赌——班主任教学案例》，《科学咨询》2010年第14期。引用时有删改。

赌。"同学们听了我的这句话不由吃惊地"哦"了一声，五十三双眼睛齐刷刷地盯着我。"我要和周泽、王静波打赌。你们俩敢吗？"周泽、王静波满脸疑惑地站了起来。"是这样，马上就要进行第八单元考试了，我想打赌你们的考试分数，谁的分数低了就帮班上做件好事。比如，主动扫地，帮忙同学打饭，修理坏掉的桌椅什么的。如果我打赌该赢的那个同学输了的话，我也就随着他一起帮班上做好事。"周泽的语文成绩比王静波稍逊一点，我先征求周泽的意见，周泽满口应承了下来，王静波不屑一顾，好像稳操胜券的样子。"好了，他们都答应这次打赌了，我赌周泽会胜。同学们，你们呢？""王静波！王静波！王静波！"高呼王静波名字的同学人数居多，只有一两个女生看到老师势力单薄才叫着周泽的名字。我对同学们说："同学们也可以找到自己的好朋友，或者是竞争对手比这次考试的输赢。"这么一说，同学们马上激动起来，纷纷寻找自己的比赛对象。当他们都渐渐安静下来后，我接着说："孩子们，有本事就赌学习成绩，有能耐就赌能否为同学为朋友为父母为身边的每一个人带来方便、快乐。赌金钱那是没出息的人所为，因为那是父母的汗水钱，你们没有资格这样糟蹋你们父母的劳动成果！"我的这句话让教室鸦雀无声，孩子们在沉思。

半个月过去了，我发现班上爱学习的氛围越来越浓了，孩子们制定了更为详细的学习比赛事宜，小到一次家庭作业，一次课堂回答问题。班上做好事的同学也多了，争着帮老师抱本子、擦黑板。这一切是我意料之中的事情，我不禁有些暗自高兴。

"打赌"是教育契机，黄老师及时抓住并利用了它，在班上创设另一种"打赌"方式：赌谁学习更优秀，赌谁给他人带来的方便、快乐更多，赌谁的家庭作业做得更工整……另类的"打赌"，营造班上创优争先的好学风、好班风，扭转了整个班级局面。

第五，乐于赞扬学生。渴望被人赏识是人的天性。每一个孩子都渴望被班主任赞扬、肯定，如果获得，将表现得更好。班主任不应老是板着面孔，吝啬自己的赞美语言，否则就会让学生缺少前进的积极性。一个赞美的眼神，一句肯定的话语，一个鼓励的动作……都能带来很好的教育效果。小锐同学乐观开朗，但对自我要求比较低，随意性比较大，在课堂上好像永远有讲不完的话，屡教未改，常惹来教师训斥。我们可以改变策略，以赞扬的方式帮助他改正。于是，他在课堂上稍微能够约束好自己，我们就当众表扬他："你这节课堂的纪律有进步呢！""课堂表现积极，要能学会自我管理就更棒了！"在一点一滴的肯定声中，当初那个随意讲话的小锐，竟然也能管住自己了。

上述沟通方式是面对面，此外可以更丰富些。比如，书信沟通，容易解决学生不好意思直面老师的困窘；周记沟通，方便学生诉说学习、生活、思想等情况；活动沟通，借着活动的氛围与学生交流，利于促进师生的情感……

沟通，是一门需要修炼的艺术。班主任应主动采取有效的方式打开学生心灵的窗户，用爱心平等对待每一位孩子，才能使教育获得最好的效果。

积极引导后进生，唤回学生自信

后进生大都有这样的表现：学习成绩不好，行为纪律经常有问题，屡次教育无效。如何引导他们，唤回他们的自信？古希腊哲学家苏格拉底说："一个人是否有成就只有看他是否具有自尊心和自信心这两个条件。"徐特立认为："任何人都应该有自尊心、自信心、独立性，不然就是奴才。"有一句教育名言如是说道："要让每个孩子都抬头走路。"拥有自信是学习生活的必备品质。"你的教鞭下有瓦特，你的冷眼里有牛顿，你的讥笑中有爱迪生。"一些看似漫不经心的话语无形中伤害了学生的心，一些冷嘲热讽则扼杀了学生的创新精神。班主任应该呵护学生的自信，帮助学生培养自信。

如何提高学生的自信心？班主任要清楚了解学生的思想动态，弄清楚他们的需求，要了解、尊重和信任他们。

教师要懂得尊重学生[①]

我走上讲台已经五年多了，刚开始从事教学工作时我一直在困惑为什么我总是在"燃烧自己"却怎么也照不亮我的学生，为什么学生一直像长不大的孩子，总是理解不了我对他们的"良苦用心"。我请教了一位退休的老教师，她用一句话让我醒悟了，她说："其实你不懂得如何爱学生，他们需要的是尊重，需要的是我们能以平等的态度对待他，而不是高高在上的严格要求和苦口婆心。"

---

① 王园园：《教师要懂得尊重学生》，《北方文学（下）》2016年第2期。引用时有删改。

一直以来我并不懂得如何去爱学生，我给他们的不是真正的爱，而是迷茫。

就像郭老师说的，"白天我们传道、授业、解惑；课余，我们苦口婆心跟差生磨嘴皮"，为什么学生走进了感情的荒漠体会不到呢？我终于明白了原来并不是他们的错，而是我并不善于爱他们。他们需要的是尊重，需要老师、父母尊重他们的想法、做法，重视他们，以平等的态度对待他们，而不是高高在上的严格要求和苦口婆心。

前段时间，我班里有一名"惯犯"又在我课堂里"捣乱"了，他不知道从哪儿弄来了一盒磁带，并把磁带里的塑料薄膜抽出来撕得满地都是，还给前后左右看，坐在他旁边的好多同学不再听我的数学课了，而是看他的"个人秀"，他自鸣得意地笑得很开心并且很大声。虽然我明白他并没有恶意，只是希望引起我和同学的注意，但我的怒气还是很难平复。压了压心中的怒火，我走到他身边，这次我没像以前那样劈头盖脸地批评他，而是对他说："老师就是听这种磁带长大的，现在这种磁带很难见到了，你能把它送给老师吗？"我这么说可能让他太意外了，他愣了一下，然后还是摆出原来桀骜不驯的表情，但我明显感觉到他还是因为我这样的态度震撼了一下。后半节课他不折腾了，很乖地听我讲课。之后他的课堂纪律确实有所好转，但偶尔也会有点小小的违纪行为。每当这时，我都用眼神提示他，而没有对他进行言辞犀利的批评。他的纪律越来越好，开始听数学课了，而且主动举手回答我的课堂提问，之前我基本没见过他听课。他的这些转变给我的教学带来了很大的鼓舞，给了我改变"不爱学习，调皮捣蛋"学生学习状态的信心。我明白了这些孩子总是做出与课堂环境不符的行为其实没什么恶意，更不是他们品行有问题，他们只是需要一点点重视，虽然他们可能成绩并不优秀，但他们和所有同龄人一样需要老师和同学的重视，需要让他人感觉到自己的存在。只要你给他们一点点重视和尊重，他们也许会变得很乖。

面对调皮的学生，王老师不是用犀利的言辞批评，而是充满宽容对学生说:"老师就是听这种磁带长大的,现在这种磁带很难见到了,你能把它送给老师吗?"学生感受到老师的尊重,乐意接受老师的意见。王老师了解这些学生的心理特点后,充分重视和尊重学生,最终实现了"他的纪律越来越好,开始听数学课了,而且主动举手回答我的课堂提问"的教育效果。

美国心理学家亚伯拉罕·马斯洛提出人有五个层次的需要,从基本生理需要、安全需要、爱和归属需要、尊重需要到自我实现的需要,并将自我实现的需要视为人最高等级的需要。满足这种需要,就要多鼓励学生,多为学生提供体验成功的机会,使学生内心迸发出巨大的热情,获得自信。比如,对成绩不好,但书写漂亮的学生,可以提供机会让他们设计班级的小黑板;对唱歌有天赋的学生,在班级文艺表演时可以重用;对讲文明、爱卫生的学生,能为他安排一个劳动委员的职位再好不过了……班主任欣赏后进生,给他们提供展示才干的机会,他们自然就有"我也行"的信心。

班上有个学生成绩不怎么好,而且特别娇气。我发现他一旦遇到一些自己不喜欢的事情,无论是什么场合,都会闹脾气。比如,上课他举手回答问题,如果你不提问他,他会赌气不听课。他很以自我为中心,吃不了苦。在春游中,春光灿烂,大家兴高采烈地在阳光中享受春天的美好,有拍照留念的,有分享美食的,有在太阳下做游戏的。唯独他,用衣服将自己裹得严严实实的,躲在树荫下,哪里也不肯去,怕晒到自己。于是,我开始寻找机会对他进行教育。

有一天,同学们英语单词过关后,陆陆续续放学回家了。他没有过关,急得眼泪一下子掉了下来。他一边哭一边说:"我都记不住,过不了的。"如果是往常,他早已经一溜烟跑了。我似乎看到了教育契机。第二天,我在班上反馈单词过关情况,并大力表扬了他:"虽然他没有过关,但能够坚持原则,按照老师的要求去完成任务,不早退。这种认真的态度,值得我们学习。"第一次,我看到他不好意思地低下了头,那节课,他听得特别认真,脾气也好了很多。

从那节课起，我利用课后时间帮他补习英语，有意将第二天要过关的内容告诉他。他充分准备，第二天顺利过了关，获得了我的表扬，信心更满了。我将他的进步汇报给他父母，顺便委婉地提出建议："如果性格再坚强一点，行事就更有男子汉气概了。"他的父母转告他后，他默默地改了许多。

这名学生虽然娇气，爱发脾气，但不妨碍他成为一个优秀的人。教师应寻找契机，对他进行教育，让他在获得尊重中增强自信心，完善自我。

物质奖励为辅，精神奖励为主

随着赏识教育、创新教育等理念的深入人心，惩罚教育淡化了，班主任逐渐加深了对奖励意义的认识。奖励是一种激励手段，是激发人们的荣誉感和进取心的措施，常被班主任当作激励学生学习与维持班级秩序的手段。

"奖励午餐"帮他带出一个好班级[①]

"只要有进步就是好学生。"在李勇刚看来，通过自己的努力班级排名大幅提升的学生，同样值得鼓励与嘉奖。2013开始，他在所带班级推出"奖励午餐"的做法，请平时表现好和学习成绩有进步的学生吃免费午餐，全班学生陆续成为他的"座上宾"。李勇刚说："全班几乎都是农村学生，很多孩子家境并不宽裕，和老师一起到校外就餐，既是一种荣誉，也能适当改善生活。"

学生张浩爱上网，有时晚上翻围墙到校外上网，后来被李勇刚强制要求在家"休息一周"。进入高三后，张浩立下"军令状"："在后面的调考中我要进步，让老师请我吃饭！"随后，张浩一改平日的调皮，变得非常爱学习。在随后的调考中，竟然一跃考到了年级第40多名。成绩出来后的第二天，李勇刚高兴地邀请张浩等成绩优异、进步大的10名学生，在校门口的饭馆里点了小炒肉、土豆丝等10多个小菜。

刘方奇也是今年的应届毕业生，高考成绩达到568分，被武汉科技大学

---

① 郭会桥、姜传浩：《"奖励午餐"帮他带出一个好班级》，《楚天都市报》2016年9月22日。引用时有删改。

录取。"到校外聚餐,就是点几个小菜,老师和学生坐在一起边吃边聊,这种感觉很好。"刘方奇说,老师的这种贴心奖励对自己的积极性调动很大。

"来吃的学生越多,我越高兴。其实,孩子们不缺这顿饭,但他们很享受这种过程,因为整个吃饭的过程中都是老师对他们的肯定。"李勇刚笑着告诉记者,有次调考试题出得简单,全班42名学生成绩都有进步。"那次共有42名学生受到邀请,几乎花光我当月的班主任津贴。"

班主任李老师别出心裁地用自己的班主任津贴邀请平时表现好和学习成绩有进步的学生进餐,以此激励学生取得进步。李老师这种贴心奖励很能调动学生的积极性。但从另一个方面来说,如果像李老师这样一直使用津贴奖励学生,对班主任而言,经济压力毕竟还是比较大的,甚至有的时候会让教育的奖励性质悄然"变味"。

奖励是为了给学生带来荣誉感,激发他继续进取,而不是改变他努力的动机。多数班主任习惯用贴纸、积分卡等给学生个人或小组进行奖励,操作简单便捷。但是,如果不能合理使用物质奖励,则会产生消极影响,既分散他们的注意力,降低他们的学习兴趣,还可能诱发不良行为。为什么奖励初期学生兴致勃勃,不久以后就消极怠惰?因为后面的物质奖励无法满足学生更高的期望。切忌让学生把"我自己应该做的事情"扭曲成"给予奖励我才会去做的事情",否则会助长学生产生依赖和功利心理。

著名心理学家德西曾做过一个实验。他召集一批被试者,让他们解答一些有趣的智力题。最开始所有人都没有奖励。后来研究者把被试者分成两组,一组每解答一道题,就可以获得1美元,另一组还是没有报酬。再过一段时间,研究者告诉大家,自由活动的时间到了,可以休息也可以继续解题。

实验结果表明:得到报酬的那组人,在付费期间确实是非常努力的,但是很少有人在休息的时候继续解题,这说明他们对解题的兴趣减弱了。而始终没有获得报酬的那组人,休息时在解题的还是很多,说明他们自身对解题的兴趣在增加。

心理学上把这个规律称为"德西效应"。额外的奖励，改变了人们做这件事情的动机，从最初的在这件事情中体验乐趣，变成了为了获得奖励。

奖励应该包括物质奖励和精神奖励，前者是外在的，短期效果明显；后者是内在的，讲究长期效果。奖励应该两者兼顾。精神奖励属于精神层面上的肯定，包括语言的赞美或者授予一定的荣誉称号。例如，学生在班级大扫除活动中表现优秀的时候，可以大力表扬："你真的是一个爱劳动、为班级着想的好孩子！"他的行为得到了肯定，下次将会做得更好。又比如，学生帮助别人辅导功课，可以欣慰地说："嗯，你很热情，也很善良，真是一位优秀的小老师哦！"学生听到后，更乐意帮助他人了。

物质奖励需要精神奖励提供效用，精神奖励需要物质奖励作为基础和载体。对于学生来说，精神需求的满足比物质需求的满足更能产生持久的动力。过多的物质奖励，容易弱化学生的学习兴趣和动机，所以，班主任要坚持物质奖励为辅，精神奖励为主的奖励形式，最大限度地发挥两者的组合效用，有效激励学生发挥主观能动性，更好地完成学习任务。

请采用精神奖励法[①]

很佩服这样一位家长，当别的父母都在为孩子获得了好的成绩而忙不迭地买这买那以示嘉奖时，他却表示："这是他应该做的，我为什么要帮他买东西？是他在学习，又不是为我学。"

是啊，在日常生活中，我们常听到有一些家长对孩子说："你得了第一名，我就帮你买新玩具！""你听老师话了，我才带你去北京玩！"或者恐吓孩子："你得不到老师表扬，别想吃巧克力！"甚至在幼儿园，也常见到老师用物质刺激的办法来管理幼儿。

---

① 许丽萍：《请采用精神奖励法》，《早期教育（教师版）》1998年第5期。引用时有删改。

如此这般，本是主动的学习硬是歪曲成被动的，本身单纯无邪的心灵硬是被物欲污染，本是应该做的硬是变成了获奖励才做……有谁想过，孩子的胃口是越吊越大的，当他越来越不满足，而人们又无法供给时，那怎么办？

因此，鼓励激励孩子上进时应少采用物质奖励，多采用精神鼓励。因为精神奖励省时省力，方便可行，它能化外力为内力（内在动力），效果强，而且更重要的是精神奖励能防止孩子养成对金钱、物质的贪欲，养成勤俭朴素的行为习惯，发扬民族优良传统。

万事皆有度。显而易见，班主任进行激励要正确处理物质奖励与精神奖励的关系。合理的物质奖励能够强化学生的积极行为，可过于强调物质奖励而忽视精神奖励，则对学生的思想教育不利。在社会转型期，班主任要适度采用物质奖励，更加注重精神奖励，如此才能真正打开教育之门。

坚持教育底线，正确进行惩戒

奖励与惩戒是教育的一体两面。利用奖励手段满足学生的多种需求，使符合教育要求的行为能得到保持、巩固和加强，这就是正强化；利用惩戒促使学生对自己的错误行为产生羞愧感，把它当作前进的鞭策力，使那些不符合教育要求的行为得到遏制、弱化，这就是负强化。如果奖惩运用得当，则促使学生向积极方面发展，实现良好的教育目的。

我们常常会遇到各种棘手的问题：学生不写作业、上学迟到、逃课、打架、顶撞老师等等，这时面对学生犯错误，惩罚可以是一种较好的处理方式。

没有惩戒的教育是一种不完整的教育，更是一种虚弱的教育、脆弱的教育、不负责任的教育。学生只有对惩戒产生正确的心理认知，才能起到教育的作用。任何无关痛痒的方法，都不是好办法。那么，面对学生的错误，怎样进行惩戒呢？

首先，班主任要分析学生个体身心特点、个性差异、学习动机、年龄特征等因素，因材施"罚"。不同学生对惩戒的认识是不同的，例如有的学生被老师口头批评，会认为老师是对他负责的，为他未来着想；而有的学生认为老师是挖苦他，是看不起他。其次，结合学生当前需要，对症下药，实施惩戒的效果则比较好。常见的方式有：

第一，直指错误。比如，班上的某一位学生上课迟到了，班主任找他了解情况，知道他昨晚看电视太晚导致早上起床过晚，错过了上课时间。于是就严厉批评他说："看电视是拓展视野的一种好途径，但不能影响学习。学习是学生的天职,你要准时上学,认真学习,要学会管理时间。"通过直接批评学生,让其去反思并改正错误,保证下一次按时上学。

第二,取消荣誉。例如,有一个学生获得了班级"礼仪之星"的称号,并在班内受到表扬。但是,因小事情与一个同学打架了,造成很不好的影响。详细了解情况后,取消他的"礼仪之星"称号,以教育学生认识言行举止必须与"礼仪之星"相符,时刻以文明来规范自己。这位同学的这次行为不符合"礼仪之星"的要求,必须为自己的错误负责,应该引以为戒,努力改正,争取再次获得"礼仪之星"的称号。

第三,公益劳动。例如,有个学生很不讲究卫生,座位四周总是脏兮兮的,班级曾多次因此被卫生检查人员扣分。多次教育无效,就强制他把整个教室打扫干净。他这才意识到问题的严重性,再也不敢随便扔垃圾了。

第四,设身处地。例如,有个男同学脾气暴躁,经常为一些小事情大打出手。有一次,组长催他交作业,他不但没有交,反而恼怒地把组长打伤了。我们要求他除了向组长认错、道歉、赔偿外,还要课前课后照顾组长,陪着他上洗手间,帮忙打饭等,直到小组长身体康复。在这期间,这个男生感受到了组长受伤后的痛苦与不便,明白了自己不应该乱发脾气、乱打人,此后在很大程度上克服了随便发脾气的毛病,性情改善了很多。

其次,教育无定法,只要为学生着想的,不损害学生的身心发展,都是合理的、可取的。因此,应注意两个问题:

第一,惩戒要注意场合。中小学生非常在乎自己和同伴的关系,因此,在实施惩戒的时候,班主任应选择最能激发学生共鸣的场合。需注意的是,不要在奖励某位同学的时候,去公开惩罚大多数人,这样做的话,会让得到奖励的那些同学受到其他同学的"排斥",或者语言攻击;尽可能选择单独惩罚,不要让学生在大庭广众之下接受惩戒,以避免自尊心受到伤害。

第二,惩戒要讲究用语。惩戒前,班主任要弄清楚原因,给学生申辩的机会。惩戒是对事不对人,班主任要理智分析学生的行为及其产生的主客观原因。班主任不能随意去肯定或者否定一名学生，要用发展的、辩证的眼光去看待问题，做到公平公正、实事求是。因此，在语言上用学生喜欢的风格和方式进行沟通，使学生感受到班主任的真诚，明白班主任的用意，从而愿意接受惩戒。语言应体现出平等和尊重，千万不可冷嘲热讽学生。

由教室卫生问题引发的思考[①]

小崔是我校一名刚当上班主任的年轻教师，她每天早上到校的第一件事情，便是检查班级所在教室和走廊的卫生，但总会出现这样那样的情况：学生早自习迟到了，忘了打扫教室卫生；该倒垃圾的同学忘记倒垃圾了；打扫走廊的同学只捡掉了大垃圾，没有认认真真扫走廊；或者就是教室卫生刚打扫好，又有同学把新的垃圾扔在了教室里。每次，年轻气盛的小崔都会火冒三丈，不管三七二十一在全班同学面前发一顿火。发完火后，她便自己拿起扫把开始打扫卫生，这样一次之后，教室卫生能好上一阵子，但是学生的忘性似乎很大，没过多久教室卫生便又死灰复燃。小崔觉得自己挺委屈，每天跟在学生后面操心这，操心那，可学生们似乎并不领她的情。再看看同办公室的黄老师，每天也没见她操什么心，但是学生好像很乖，每次进他们教室，卫生总是很干净。于是小崔老师便向黄老师请教，黄老师说："其实管理班级、管理学生最重要的是让学生将规则牢记心间。一开始，我们班的教室卫生也有这样那样的问题，为此，我会找到相应的打扫卫生的同学，问他出现问题的原因，学生也总是会给我这样那样的理由。第一次，我会给学生机会，并且我会和学生先讲好，如果再出现这样的情形，请他自己告诉我怎么办。这时，学生便会说出他的解决方案，比如，'如果我下次再出现类似的情况，我就多打扫教室几天，在全班同学面前做检讨'等。然后我会把学生的这次'小事故'写在班级日志中，既提醒这位学生不要再犯类似的错误，又增强学生的责任心。当然如果真有学生再犯类似的错误，那么一定要

[①] 蒋颖楠：《由教室卫生问题引发的思考》，《教育现代化》2016年第27期。引用时有删改。

严格执行学生自己提出的解决方案。这样几次下来，教室卫生基本不用我怎么操心了。"

惩戒要给学生的心灵以激烈的碰撞，或是沮丧，或是羞愧，或是自责，或是给他们以深刻的思考与警醒，以促使他们改正。水满则溢，月满则亏。惩罚要有合理的限度，超过这个限度，则适得其反，因此要慎用惩戒。

善于找闪光点,激发进步动力

班主任一般习惯于表扬品行优秀的学生,却不注意发现其他学生的闪光点。优秀学生的闪光点多,容易被班主任发现,一般学生的闪光点比较少,容易被班主任忽略。对待一般学生,班主任应给予更多的耐心和爱心。一旦发现他们的闪光点,即使一点点,也尽可能多地表扬他们——锦上添花固然可喜可贺,但雪中送炭更值得推崇——对于一般学生来说,这个表扬很可能就是他的人生转折点。一味地批评、训斥对学生身心的成长是不利的,结果可能事与愿违。班主任应给予一般学生特别是学困生更多的关心,深入了解他们,用一双慧眼发现他们的闪光点,并及时进行表扬。这对学生的成长将有明显的促进作用,"石头"将会变成"金子"。

班主任要善于发现学生的闪光点[①]

一年后,我觉得自己终于可以脱离"苦海"了。带着重新燃起的希望与斗志,我走进了一年级教室。一天,两天,一星期,两星期,一个月……我乐此不疲地奋战在自己重新攻占的领地里,一个小女孩闯进了我的视野。那是一个学习成绩极差而且全身显得有些邋遢的女生,暂且叫她小慧吧。她学习比较勤奋,但成绩就是上不去,不仅父母着急,我更是想尽办法也无济于事。我就像一个无耻的"奴隶主",一心想着剥削她所有的自由时间。美术

---

① 周琴露:《班主任要善于发现学生的闪光点》,《宁波教育学院学报》2009年S1期。引用时有删改。

课、体育课、音乐课,那似乎根本不是她的权利,拖进办公室,门一关,开始补课。在别人看来,我突然变得很尽职,殊不知,那"尽职"下还隐藏着我恨铁不成钢的心情,因为我不想在原先失败的地方再次绊倒。一开始,效果总还是有一点的,但她的头脑总像容积有限似的,学一点新知识就会忘记旧知识。一来二去,我已经有些灰心了。

课间,操场上的小朋友都玩得很起劲,因为刚学会了跳绳。我注意到小慧一个人呆呆地看着其他小朋友玩。我走过去,轻轻地问:"是没带跳绳吗?"她沉默,随即吐出一句话:"他们不和我玩。"正当我还想说些什么的时候,她一溜烟跑向别处去了。中午,该是排队去食堂吃饭的时候了。长长的队伍,小朋友很听话,没有发出什么声音,都各自拉着小伙伴,慢慢走向食堂。突然,传来这样的声音:"老师,他们不拉手!"我寻声而去,声音的矛头直指小慧。我很生气,将她拉了出来,质问道:"拉个手怎么了,拉好!"心里还寻思,越是这样,她对学习的兴趣越淡。如果真是这样,那我该如何使她摆脱自卑,重新乐观、自信起来呢?她怯生生地望着我,委屈地说:"是他不想拉的。他还说我笨,说我脏。"此刻,我意识到了问题的严重性。

在前段日子的教室布置比赛中,因为需要,我向班中的小朋友征集了几张他们自己画的画,让他们第二天交给我。第二天,小慧拿来了一幅画:色彩鲜艳,线条明晰。我心里一惊,看得出她画得多认真啊!我在班里展示了她的作品,小朋友们不约而同地发出赞叹声。小慧低着头,羞涩地笑了。小朋友都围到她的身边,有的向她伸出大拇指,有的向她请教,我也连夸她是个心灵手巧的孩子。小慧悄悄抬起头,看着我微笑的脸,眼中闪动着喜悦的光芒。

从这以后,小慧的朋友逐渐多了起来。她再也不孤独了,显得更有自信了。看到自己的方法初见成效,我决定继续下去。

在荣誉的鼓励下,小慧的学习成绩进步了,她的妈妈高兴地告诉我:"我们家小慧,这段时间总会主动要求买书看,自己认真地拼读,也比以前爱说话了。"其他小朋友也更喜欢她了。

小慧学习差、行为习惯不够好。这样的一个女生，让老师和家长都着急。在相处的过程中，周老师偶然发现小慧的画工不错，于是当众大力表扬她。受到表扬的小慧开始有了自信，表现越来越好，学习有所进步。无论是优秀生还是一般生，都需要班主任的鼓励。特别是像小慧这样的一般生，对学习信心不足或兴趣不高，班主任应尽可能发现他们身上的闪光点。从闪光点出发，积极引导他们，增强他们的自尊心和自信心，以期获得进步。

怎样发现闪光点呢？可以通过周记、谈话、家访、作业、考试、课堂表现、实践活动等。在这个基础上，要了解问题产生的根源，一般包括学校、家庭和学生三个因素：

从学校因素来说，一方面，一般生常常被老师冷落、批评甚至惩罚，容易丧失努力的信心和表现的欲望，对老师也会产生敌对的情绪。另一方面，因为教育评价方式单一，以考试分数评定学生优中差，造成学生没有机会表现其他方面。

从家庭因素来说，教育方法不当，即对于孩子过于宠爱或者粗暴放任，未能给予正确的教育。家庭如果不完整，则容易给孩子造成心灵创伤，这很不利于教育。

从学生因素来说，学生自身素质、学习能力、性格特点和人际交往等，都是非常重要的因素。

以上因素不是独立存在的，而是相互影响的。作为班主任，要全面考虑，多元评价学生，给学生更多的关注和理解，给他们更多的支持和帮助。一般生并非一无是处，他们的闪光点需要班主任细心发现，他们的优秀往往藏在"调皮"之中。

在班主任管理工作中，我们不能埋怨学生的闪光点少，不应被动地等着学生的闪光点现身，应积极帮助学生创设条件，让他们身上潜在的"闪光点"早些表现出来，更好地激发学生进步。

要为学生创造闪光点[1]

一次试卷评析课上，我对获得"优"的学生进行表扬，尤其对方行同学能获得"优"给予了很高的评价，并把这次单元综合练习唯一的一个"进步标兵"的奖状发给了他，号召全班同学向他学习。

突然，他的同桌尖叫起来："老师，你给方行多加了20分，他不应该得优。""是吗？"还没等我反应过来，全班同学的眼光一齐投射到方行身上，前排的两位同学也转过身给方行加起分来，结果真多加了20分。我正准备收回因自己失误而错发的奖状，忽然发现方行满脸通红，刚才的喜悦和自豪之情荡然无存，握奖状的小手微微颤抖。我心里一惊，一张小小的奖状，对于成绩优秀经常得奖的同学来说，并算不了什么，但对于一个成绩较差、常受教师批评和同学排斥的孩子来说是何等珍贵呀！这仅仅是一张奖状吗？不，这明明是种比黄金还贵重的奖励，是对孩子努力的肯定，是给学生信心的无声力量。我深深认识到这奖状是不能收回的，但不收回又怎能服众呢？要知道这"进步标兵"的奖状是不能随便发的，全班同学都静静地等待着我裁决。

"这20分是老师故意加上去的，大家知道，方行以前学习不认真，考试成绩差，但你们没有发现他最近非常努力吗？这次他虽然只考了60分，但比以前考得好多了，不该给他加点分，不该给他奖励吗？"听了我的话，同学们赞许地点了点头。这时，我发现，方行又重新抬起了头，眼里满是自信、感激和自豪。

一场因老师的疏忽而引发的错奖风波就这样平息了，过后的几天里，我发现一贯不爱完成作业的方行不但按时上交了作业，而且正确率和工整程度都比以前有了很大的提高。

徐老师由于自己工作的失误错给方行同学加了20分，这位学生因此评选

---

[1] 徐朝友：《要为学生创造闪光点》，《科学咨询（教育科研）》2004年第1期。引用时有删改。

上了"进步标兵"。同学们发现问题后,徐老师借机说这是故意为方行同学加的,以表扬他近期的努力。这个"将错就错"为方行同学创造了闪光点,在方行心中激起了波澜,也成为他进步的动力。徐老师的班主任工作充满了智慧之光,令人赞叹。

包容学生缺点，注重批评艺术

佛教中有这样一个耳熟能详的故事：有一位老禅师，一天晚上在禅院中散步，发现墙角有一张椅子，心想这一定是有人不顾寺规，翻墙出去玩了。老禅师搬开椅子，蹲在原处观察。没过多久，果然有一个小和尚翻墙而入，在黑暗中踩着老禅师的脊背跳进了院子。当他落地时，发现刚才踏的并不是椅子，而是自己的师父，小和尚顿时惊慌失措。但出乎意料的是，老禅师并没有厉声责备他，只是以平静的语调说："夜深了，快去多穿件衣服。"小和尚感激涕零，回去后告诉其他师兄弟。此后，再也没人翻墙出去闲逛了。

在班级中不乏像寺院里的小和尚，常爱犯各种问题的学生，比如晚上因玩游戏而没有做作业，早上抄同学的作业；上体育课假装生病，却在课室里看课外书；上课交头接耳，小动作不断……在一个有着几十名学生的班级里，由于学生家庭教育、个性特点、兴趣爱好等不同，班主任总会遇到各种各样的问题。中小学生由于身心发展尚未成熟，性格容易冲动，为人处世欠缺周全，不时发生或大或小的错误。人非圣贤，孰能无过？一生中从来没有犯过错误的人，几乎找不到。心理学家盖耶认为："谁不考虑尝试错误，不允许学生犯错误，就将错过最富有成效的学习时刻。"我们都是在不断地犯错与改正中成长的，班主任应向老禅师学习，理解和包容学生的错误，接受他们犯错的事实，帮助他们改正。

给学生应有的"宽容"[1]

宽容,是一种爱,是一种信任;宽容,给了学生一个改过的机会。让我们以宽容的心态,对待每一位学生,让学生在老师的宽容中找到自尊、自信,在宽容中健康快乐成长。我想,学生一定会在我们的宽容中,给自己人生中第一个起点画上圆满的句号。

上学期运动会期间,我班的班长小雅偷偷拿了她妈妈的一百元钱。她妈妈发现钱丢了后,问是不是她拿了,她不承认。她妈妈一气之下狠狠地打了她一顿,结果那天晚上放学后她怕妈妈再打她一直没敢回家。妈妈找了她一晚上,给我打电话也没有打通,实在没办法了,就在凌晨两点来到我家,让我帮忙给班上其他同学打电话,问问她是不是到其他同学家里去了。听到她没回家,我也非常着急,就赶紧帮忙打电话寻找,可是打了很多电话依然没有她的下落。她妈妈只好第二天在校门口等她。第二天早上,在校门口我们终于等到了她,原来她是在跟她一起上古筝班的一个小姑娘的奶奶家住了一晚,我们悬了一晚上的心终于放了下来。人是找到了,可该怎么教育她呢?经过昨天晚上这一番折腾,全班乃至全校学生都知道了她失踪的事,她已经很羞愧了。如果此时我再大张旗鼓地批评她,一定会严重地伤害她的自尊心,势必让她从此在同学们面前抬不起头,这样只会适得其反。经过一番深思,我决定先和她交谈一下,了解她拿钱的动机。我把她单独叫到一间教室里,首先看了看她的伤,然后问她不敢回家是不是怕妈妈打她。她说"是的"。我告诉她,妈妈打她确实不对,妈妈也非常后悔。小雅见我没有批评她的意思,一下子哭了起来。见她敞开了心扉,我才问她有没有拿钱,钱花哪儿了。她把事情真相如实地告诉了我。

原来,她拿钱是为了给同学买零食吃,以此来炫耀自己,巩固自己在班级里的地位。都是虚荣心惹的祸啊!明白了错误的根本原因,我又耐心地给她讲道理,让她明白:一个人有虚荣心并没有错,但虚荣心过度了就不

---

[1] 张霞:《给学生应有的"宽容"》,《教育》2018年第30期。引用时有删改。

行,会非常害人。我们花的钱都是家里的,不应该跟同学比吃穿,而应该比学习。同时还告诉她,小孩子在外面留宿是非常危险的,以后一定要按时回家。因为前面对她的宽容理解,我说的道理她也全部听进去了,跟我保证以后一定不会再这样了。事后,我依然让她当班长。看着她有条不紊地管理班级,我心里的一块石头终于落了地。

从这件事中,我深深体会到面对学生或大或小的错误,宽容学生,才能放松学生紧张的情绪,消除师生间的隔阂,学生才能向老师说出他们的心里话,才会心悦诚服地接受教育。

小雅是幸运的,她的班主任给了她很多的爱与宽容。但是,有的学生就没那么幸运了,比如:有些学生没有按时完成作业,就被老师罚到教室外面站着;有些学生上体育课动作不对,就被老师强制在操场"蛙跳";有些学生忘记带回执回校,就被老师严厉批评;等等。大部分学生所犯的错误并未伤害到他人或集体利益,属于每个人在成长中普遍存在的现象。但是,他们得不到老师的宽容,得不到改正机会,自尊心受到了伤害。

宽容,是对学生的不足与过失能以宽大的胸怀去接纳,没有过激的语言,没有过分的要求,没有冷漠的对待,这样更能促使学生在反思中改正。

面对学生的错误,班主任要明确指出,但应该注意批评的艺术性。批评的艺术性,是指既可以巧妙教育学生,又不会伤害学生的自尊心。如何做到?

第一,对事不对人。班主任批评学生的目的是为了纠正其错误的行为,让犯错的学生获得进步。班主任批评学生的时候,应该明确指出学生错在哪里,有什么不良影响,而不是对学生的人身进行攻击。

第二,无声胜有声。面对学生的错误,班主任有时沉默不语,也会给学生形成一种压力,促使他们认识错误和改正错误。比如,上课时间过去一半了,一个学生才背着书包大汗淋漓出现在教室门口。老师中断讲课,打量了学生很一会儿,才示意他进来。这比暴躁如雷地责骂更有利于教育学生,也不会影响教学秩序。

第三，微笑胜责骂。在批评的时候，微笑如果运用恰当，还能起到"动之以情，晓之以理"的效果。这种方式仅适合犯错情节较轻的学生，例如学生在上课的时候开小差，班主任面带微笑望着学生，学生自然意识到自己的错误，马上将精力集中在学习上。

上述是直接批评，班主任还可以采取间接批评：

第一，对比。有的学生作业写得很糟糕，不妨借用书写比较好的作业给他作参照，说："你看这作业写得真工整啊！老师很欣赏！你只要认真写，我相信你可以写得很好。"有榜样作比照，相信学生的书写会取得进步。

第二，铺垫。卡耐基说："听到别人对我们的某些长处表示赞赏后，再听到批评，心里往往好受得多。"在批评前先对学生的长处进行肯定，然后指出学生的错误及需要改正的地方，学生从心理上来说比较容易接受。例如，有个学生学习很努力但偏科，老师找他谈话："在老师眼中，你是一个学习很勤奋的孩子，这一点老师很欣赏。如果你能照顾好每一科目的学习，不偏科，我相信你的学习会有新的突破！"第一句话，让学生明白自己的长处，心里是比较高兴的，然后再提出要求。在表扬的基础上指出错误，更有利于学生改正错误。批评不仅需要开门见山的方式，也需要迂回曲折的方式，就像用糖衣纸把良药包装好，以解决苦口的难题。这样既可以避免受教育者内心的抵触，又可以达到教育的目的。

第三，故事。没有人可以抵抗故事的魅力，通过故事批评学生的错误，促使学生认识错误，明白道理；或者用故事启发学生，激发他们产生共鸣，以达到教育的目的。

教育有法，却无定法。"紫罗兰把它的香气留在那踩扁了它的脚踝上，这就是宽容。"对班主任来说，宽容是一种教育机智，是一种人格修养，是对学生成长的期盼，是一种情感的升华。班主任如何做到真正的宽容？这需要班主任包容学生，将爱护精神融入到管理工作中，使得教育更富有人情味。批评要有针对性，绝对不能以偏概全，一棍子打死人。在宽容中，注重批评的艺术，指出学生的错误并加以引导，促其改正，使学生得到新的发展。

与家长谋合作，家校共管共育

苏联著名教育家苏霍姆林斯基有句名言："没有家庭教育的学校教育和没有学校教育的家庭教育，都不可能完成培养人这样一个极其细微的任务。"毫无疑问，家校合作是高质量学校教育和家庭教育的枢纽。

随着年龄的增长，中小学生接触的内容增多、范围更广，使得思想教育工作难度增大，要解决好这些问题，就需要家庭参与其中，发挥其后盾作用。但是，关于家校合作，无论是家长还是学校，都存在着一些错误认识。有的家长认为自己的责任是赚钱养育子女，而教育则是学校的责任，因此，平时对孩子不闻不问，但一到期末考试就吹毛求疵；有的学校认为学生难教，责任在于家庭，一旦学生犯错就通知家长来校谈话，弄得家长闻"师"色变。家长有家长的责任，学校有学校的职责，双方角度不同，但目的应该相同，要加强合作，共建良好的教育环境。

孩子教育，家长不能缺席

"老师，我跟你说一件很恐怖的事情。"一位女同学有点胆怯又有点惊讶地跟我说："你不要跟其他同学说是我告诉你的。"看到她这样的表情和说话的语气，我立刻意识到事情可能比较严重，于是低声对她说："放心吧，什么事？你说吧。"这位女同学告诉我：班上某位男同学，因为平时喜欢和另外几位男同学一起去网吧上网，并且经常是自己出钱请他们吃东西。几位社会青年看在眼里，就对他们进行勒索。一开始是几元，然后是几百元。这位男同学不敢告诉家长和老师，只好偷家里的钱来满足勒索者的欲望。

　　我了解了事情后，马上和他的家长沟通。我了解到这位学生平时比较爱面子，从四年级开始就经常上网和偷窃父母的钱。但是，他的妈妈总是抱着"把孩子交给学校就没事"的思想，孩子一旦犯错误，先是打骂一顿，然后打电话给老师，请老师进行教育。这不禁让我思考：对于孩子的教育，家长怎能缺席？

　　家校合作如果只是流于形式，就不能真正发挥"1+1>2"的积极作用，如何发挥这种作用？

　　第一，家校合作第二课堂。班主任可以邀请家长为学生开设第二课堂，例如厨艺精湛的家长为学生传授简单的烹饪菜式；剪纸工艺强的家长教学生学传统艺术剪纸。平时的节日活动，可以邀请家长参与，比如六一儿童节家长和学生表演亲子节目。在互动交流中，学校了解到家长的关注点，而家长了解到学校的办学情况。

学会感恩，来自家长课堂的意外收获[①]

　　杜思怡妈妈是第一位走进我班课堂的家长，她为我班的孩子带来了家常而又味美的小馄饨。由于时间的关系，临下课了，孩子们还排着队等着分第二次的美味，最后意犹未尽地离开学校。杜妈妈最后很抱歉地对我说："不好意思，都没能让老师也尝一尝。"整个一节课，忙着组织纪律，忙着拍照的我倒真是没能拿个饭盒好好吃一碗。不过当时没来得及跟杜妈妈说的是，其实我是尝过一个馄饨的，记得是张宇翔拿了筷子问我要不要尝一个，我是吃到一个馄饨的。

　　章宇骐妈妈是第二位来我班上课的妈妈，她非常有心，提前在家做了些饼干和牛轧糖带到学校来，其中有一包后来才知道是打算给老师们尝一尝

---

① 顾锦燕：《学会感恩，来自家长课堂的意外收获》，《才智》2015年第34期。引用时有删改。

的。有意思的一幕发生在放学的时候，在我"出去排队"的号召下，孩子们陆陆续续地走出教室，而我还在教室给剩下的几个孩子分饼干。忽然喧闹声传来，我转头一看，讲台那闹哄哄的，我急忙过去看情况，刚走几步，朱飞已经高举着手对我喊道："顾老师，顾老师，快，我给你抢了一个。"我仔细一看，他手里捏着一颗牛轧糖。原来不知道是谁起的头，大家把讲台上还剩的一点牛轧糖都抢光了。看着朱飞满脸激动的样子，我哭笑不得，多可爱的孩子。这时没在意是哪个孩子说了句："顾老师，这颗糖给我吧？"我想也没想就拒绝了："这个我可不给了，这是朱飞帮我抢到的，哈哈。"

第二天晨会课，我跟孩子们聊了一番："知道吗，顾老师昨天忙忙碌碌，辛苦工作了一天，最后是带着快乐的心情回家的。知道是什么原因吗？"孩子们愣了一下，有同学便举手说："是因为吃到了好吃的饼干。"我笑了笑摇摇头："其实，是因为朱飞帮我抢的那颗糖。"说到这，我看了眼朱飞，他难为情的笑容更是让我开心地说下去："当我听到朱飞说'我给你抢了一颗糖'的时候，是我一天下来最开心的时候。因为我感受到了朱飞的心里面想到了我，想到了他的老师。顾老师舍不得把这颗糖给别人，并不是一定要吃，而是这颗糖背后是学生对我的一份心意。你们说我怎么会不开心呢？怎么舍得给别人呢？"看着下面孩子们有的认真端坐着看着我，有的似乎有些惭愧地微微低下了头，而朱飞则坐得笔挺，看得出来他心里很高兴。我继续跟他们聊下去："昨天我还看到了有一些同学偷偷地用纸巾包了几片饼干，后来我从QQ里知道啊，原来是带回去给爸爸妈妈吃了。我想吃到的爸爸妈妈一定跟我一样很感动，因为他们很欣慰地发现孩子长大了，在自己吃掉和留给爸爸妈妈吃之间，孩子选择了后者，这份留给爸爸妈妈的心意，是比什么都珍贵的，不是吗？"孩子们认真地点头："嗯。"

这一周，是常源昊的妈妈来教孩子们做寿司。课上，从馋嘴的李忠泽分我吃海苔开始，刘昕怡、闵楠、胡艺……甚至平时不太敢凑到老师身边的孩子都拿着寿司问我"顾老师，你要不要尝尝看？"这还没下课，我已经被他们喂饱了，更多的是在心里面，装了满满的幸福。记得在答题赢奖的环节中，瞿谭笑输了一次又一次，于是每赢得一个寿司，便小心地放到纸巾里包起来，看我笑眯眯地看她，她小声嘀咕了一句："我再不赢过来，我妈要没得吃了。"许多孩子都用纸巾包了寿司，看来今晚会有许多家长尝到孩子们做的寿司了。"谁言寸草心，报得三春晖。"父母的爱，孩子是永远报答不了的，但现在孩子们已经懂得了做力所能及、实实在在的事，作为对父母亲情的点滴回报。

感恩是学生不可缺少的高贵品质，感恩教育是德育的重要内容。但是，如果仅靠班主任进行感恩教育，则效果不佳。顾锦燕老师欣喜地看到家长这一丰富资源，大力引导家长参与学校的感恩教育，起到了不一般的效果。

第二，家校合办家长会议。通过合办家长会议，家长有机会参与到班级管理工作中，及时了解孩子在学校的动态。传统的家长会议，家长在学校规定的时间内集中在指定地方听班主任的班级总结，然后家长与班主任交流。由于家长众多，学生情况不一，短时间内难以全面照顾，满足所有家长的需求。如何创新家长会议形式？其一，按情况分组开展家长会。根据学生的情况分成不同组别，和每个小组的家长约好时间见面，对学生的综合表现逐一点评，围绕学生的共同问题研究解决对策。这样既可以提高开会效率，又可以与家长达成沟通的目的。其二，按主题分组开展家长会。以活动主题为探讨内容，比如感恩教育活动，这需要班主任花费比较多的时间和精力进行组织。

第三，创新家校会议形式。充分利用网络通讯设备，在QQ、微信等网络平台上开展线上家长会。网络平台是召开"虚拟家长会"的好空间，除了平时的文字图片交流，还能实现群共享、群视频等功能，达到面对面的会议效果，双方能便捷了解彼此的情况，达成家校合作。

QQ群里的"虚拟家长会"[①]

三年级下学期开学时数学李老师突然调走了，学校临时换了一位体育陈

---

① 何新苑：《QQ群里的"虚拟家长会"》，《今日教育》2016年第9期。引用时有删改。

老师顶替，没想到这却引起了全班家长争议。

当天晚上，很多家长在QQ群里面抱怨。有个别家长还煽动其他家长一起到校长那里投诉。一位家长说，陈老师是教体育的，对数学教材教法不熟悉，肯定会影响孩子的学习，极力反对陈老师教数学。另一位家长说，她孩子说陈老师很严格，不喜欢陈老师。第三位家长说，孩子刚适应了李老师的教法，现在又要适应新的陈老师，压力很大……

我看在眼里，急在心中，于是临时决定召开一场"虚拟家长会"。

师：亲爱的家长们，你们好，刚才看了你们对学校换新数学老师这种事的发言，理解你们的心情，感谢你们对学校的关注，对孩子导师的关注。（笑脸）

家长A：何老师好，你把我们的意见告诉校长，叫他换另一位老师。

师：陈老师怎么啦？他是位很负责的好老师哦。（笑脸）

家长B：我家孩子不喜欢陈老师，今晚一直在抱怨，刚开学就这样了，以后还能学好吗？

师：明白，孩子抱怨新老师不好，你们是怎么跟孩子沟通的呢？

家长C：我问了，本想说服孩子配合学校工作，但孩子举了很多例子，有理有据，就是特别不喜欢新老师。

师：明白，孩子特别不喜欢，还有吗？

家长D：陈老师是体育老师，对数学不熟悉，我担心孩子的成绩不好。

师：亲爱的家长们，学校重视教学成绩吗？

很多家长：当然重视啦！（调皮笑脸）

师：这几年学校的成绩还是不错的，虽然是村校，但在镇上二十几所学校中排名都在前五名。

师：成绩是学校的生命线，校长愿意把一个没能力的老师送上讲台拆自己的台吗？（调皮笑脸）

很多家长：不会。

师：亲爱的家长们，校长比你们更担心孩子的成绩哦！（调皮笑脸）刚

才长长的聊天辛苦了。(玫瑰)

家长B：我不是担心陈老师不好，因孩子一直在抱怨，说陈老师很严格，不喜欢他，孩子先入为主，这样下去，再好的老师也没用。(抱拳)

师：明白。在生命的长河中，孩子不喜欢我们怎么办？

(无人回答)

师：孩子长大了要步入社会，社会就像茫茫的大海，你们希望他在大海上自由游泳、溺亡，还是冲浪？

家长E：希望孩子去冲浪。

师：(大拇指)但怎样才能具备冲浪能力？

家长E：请老师赐教。

师：这里面的内容很多，但其中一条就是培养孩子要面对挫折的能力和毅力。我认为换老师是个很好的教育机会，你们可以抓住这个机会跟孩子沟通，鼓励他们抛开过去的理念，理解新老师。因为陈老师本身也在迎接挑战，他不会辜负学校的信任。迎接新老师，陈老师现在很需要他的学生理解。

很多家长：明白，我再跟孩子聊聊。

家庭，是孩子生活最密切和最重要的场所，学校无论如何是无法替代的。总的来说，学校与家庭进行合作，可以促进家庭教育与学校教育互相补充，进而更好地帮助学生全面发展。只有家庭和学校通力合作、共同进退，才能取得良好的教育效果。

开启心灵之门，建赏识软环境

班级管理从本质上来说是一种教育活动，这种活动离不开师生之间的交流。交流的目的在于开启学生的心灵之门，促进学生健康成长。班主任的责任重大，一句话语，一个动作，可能影响学生一辈子。谈话不是一件简单的事情，要讲究技巧，讲究真诚，可以说是班级管理的难点。

第一，讲究语言技巧。语言，是传递信息、表达情感的工具，更是一门艺术。班主任应让自己的语言充满魅力，给学生以美好的回忆或启迪，而非留下心灵的伤痕。在与学生谈话时，班主任要就事论事，绝不能恶意攻击学生的品行，这是交流的基本原则；班主任要注意自己的情绪，可以愤怒但不可对学生进行辱骂，"你的行为让我非常生气"比"你真的像一个疯子一样"的效果更好；给学生宽松的交流氛围，减少敌对情绪，体现对学生的爱与尊重。

第二，讲究真诚友爱。有这样一则寓言：钥匙来了，它瘦小的身子钻进了锁孔，大锁"啪"的一声打开了。铁棒疑惑问道："为什么我费了那么大的力气也打不开，而你却轻而易举把它打开了呢？"钥匙回答："那是因为我最了解锁的心。"班主任打开学生心扉的钥匙是真诚，而不是虚伪。班主任不是挑起事端的肇事者，也决不可是袖手旁观的观望者，更不能是幸灾乐祸的冷漠者；班主任要做学生的良师益友，在交流中应透出对学生的尊重、爱护和真诚，赢得学生的信任。

第三，讲究平等对待。一位西方的心理学家曾经说过："在充满敌意的环境中成长起来的孩子一定学会打架；在充满讽刺的环境中成长起来的孩子一定学会指责；在充满鼓励的环境中成长起来的孩子一定学会自信。"同样，在不平等的环境中成长起来的学生一定不会平等对待别人。师生之间如果真诚相对，彼此以一种平等的态度沟通交流，则更有利于建立和谐关系。

用爱开启心灵之门①

刘诗琪性格内向，几乎没有什么朋友，上课从不举手回答问题，手里总是摸这摸那，这对于一个正常的孩子来说，是一个极不利的因素，该怎么去帮助她呢？

这是一个平常的早读课，阳光透过窗棂射进教室，洒在学生身上，同学们都在认真读书，来找我背书的同学也排了好几个，我惊喜地发现刘诗琪也排在了几个成绩优秀、性格活泼的同学后面。我的目光落在她的脸上，她低着头，两只手不停地摆弄着书，显得很不自在，看来她是鼓足勇气才迈出了这一步。我暗自高兴，看来前几天的谈心还是起到了一点效果，一个同学背完了，我再抬起头时，却发现她正准备往座位上走，这是怎么啦？不行，不能让她刚迈出一小步就退回去了，于是我对排在前面的几个同学说："老师有点事，你们就到刚才已背过的同学那儿背吧，老师信得过你们。"这几个同学欢呼雀跃地走了。我径直走到刘诗琪面前，思考着怎样不让她感到紧张，我灵机一动，说："刘诗琪，你来考我背书吧。"她有点疑惑，又有点吃惊地望着我。我微笑着解释："老师觉得这篇课文特美，把这篇课文读了好几遍，不知背得对不对。你来帮我看看吧。"刘诗琪愉快地接过书，我大声地背着，她认真地听着，我故意背错了好几个地方，她都一一给我指出了，书背完了，我让她在我的书上签了个"背"字，然后我问道："你会背这篇课文了吗？"她自信地点点头，我亲切地摸了摸她的头，"那好，就在我这儿背背看"。

---

① 刘婷：《我的德育小故事：用爱开启心灵之门》，https://wenku.baidu.com/view/ 9c678d0e0c22590103029d31.html。引用时有删改。

她显然有点兴奋，使劲地点了点头，然后声音洪亮地开始背书，尽管也有几处错误，但我没阻止，只用笔做了几个小小的记号。书背完了，我高兴地说："没想到你背得这么好，比老师强多了，看来你的记忆真不错。"我给她在书上签了一个大大的"背"字，又用红笔画了一张笑脸，亲切地注视着她，她感激而又得意地看了我一眼，满脸灿烂地跑回到座位上了……

　　在早读课上，"我"检查同学们背书的情况，面对着性格内向的刘诗琪同学，心中明白：采取简单的鼓励并不适合内向的她。要真正走进刘诗琪的心中，开启她心灵的那扇门，才能从根本上解决问题。方法再多，万变不离其宗，都离不开一个"爱"字。针对刘诗琪，"我"用特别的爱打开了那扇紧锁的门。

　　"刘诗琪，你来考我背书吧。""老师觉得这篇课文特美，把这篇课文读了好几遍，不知背得对不对。你来帮我看看吧。""我"用平等、真诚的态度对待刘诗琪，让她愉快地接受扮演"教师"角色，自己客串"学生"一角，拉近了与她之间的距离，为"我"后面的教育奠定基础。从刘诗琪"使劲地点了点头""声音洪亮地开始背书"可以看出，她内向胆怯的冰山逐渐融化。"我"讲究语言技巧，先夸她"没想到你背得这么好，比老师强多了，看来你的记忆真不错"，然后"给她在书上签了一个大大的'背'字，又用红笔画了一张笑脸，亲切地注视着她"。这些充满爱的言行，最终打开了那扇紧闭的心灵之门。

　　管理班级，不管是采取什么教育方式，爱始终是教育的出发点和归宿。班主任只有用爱，才能开启学生的心灵之门，促进学生健康成长。

第四章
另辟蹊径,巧用心理效应

苏霍姆林斯基认为："一个好的教师，是一个懂得心理学和教育学的人。"在班级管理中，班主任如果能够巧妙运用心理效应，则能更好地开展教育工作。班主任工作具有特殊性，繁杂、琐碎，不时有各种偶发事件。这时，巧用"心理效应"就是一种很不错的选择。

心理学认为，心理效应指的是社会生活里颇为常见的心理行为和规律，可以引起其他人物或事物产生相对应变化的因果反应或者连锁反应。一个积极的心理效应，能够激发学生的熟悉感和新奇感，进而激活学生大脑皮层的兴奋枢纽，给他们提供暗示和引导的力量，让学生在一种轻松愉悦的教育氛围里开展学习和生活。

巧妙运用心理效应，从宏观层面可以激发班级的凝聚力，从微观层面可以激发学生的自信心。那么，具体要怎样使用呢？

妙用南风效应，改良转化方法

"南风效应"又叫作"温暖法则"，它源自法国著名作家拉·封丹编写的一则寓言。北风和南风想比一下谁的威力最强，看谁能把行人身上的大衣脱掉。首先，北风吹来一阵凛冽又冰冷刺骨的寒风，结果行人为了抵御北风的侵袭，便把身上的大衣裹得更严实了。南风则徐徐吹动，顿时风和日丽，温暖宜人，行人觉得暖意融融，于是解开纽扣，继而脱掉大衣。最后南风夺得了比赛的胜利。北风遵循惯性思维，只想用蛮力吹掉行人身上的大衣，结果无功而返；南风则善于顺势而动，不是盲目吹下行人的大衣，而是让行人感觉温暖，然后自觉脱掉大衣，结果如愿以偿。这种能启发自我反省、满足自我需求的心理反应，就是人们所说的"南风效应"。

"南风效应"对于班级管理的启示是：班级管理应人性化。俗话说："感人心者，莫先乎情。"我们对待学生，应多一点"人情味"，多一点"人性化"。学生并非个个都乖巧听话，有的经常捣乱惹事，不按照套路出牌，给班级管理带来难以形容的困扰。人是有血有肉、有情有感的高级动物，理解、尊重学生的感受，爱护他们、信任他们，让他们感觉到来自你的温暖，即使心中有冰山也可以慢慢融化的。

班上有个学生叫小梁，很喜欢参与各种体育运动，每次的校运会他都能为班级赢得好名次。不过，小梁在学习上很令我头疼，经常不爱听课、不做作业。每次批评他，他都态度很好，表示会改正。但是不久老毛病又犯了。

很多老师都劝我："罢了，这样的学生无论你怎样帮他，他都是死性不改的。"我也为此困惑过，可是认真想想，他也是班上的一分子，我如果放弃了，那么班级再好也是有缺憾了。倒不如试试其他的法子。

我先降低对小梁的要求，不再每天紧盯着他的作业不放，而是把重心放在他喜爱的体育运动上。我和他约好，让他每天课后就做我们的体育小老师，陪我们在操场上跑几圈，他很开心地答应了。我们借跑步的时机和他聊天谈心，谈他的兴趣爱好，聊各种新闻等。就这样，我们跑了很久。现在，他读六年级了，在学习上虽然没有突飞猛进，但是肯主动写作业，认真上课了。

像小梁这种喜欢体育运动而不喜欢文化学习的学生是挺常见的。这样的学生一般都很有个性，单纯靠威严相逼，他们都不容易去改变行为，甚至会产生抵触情绪。我们舍"近"求"远"，不再盯着他的学业不放，而从他的爱好入手，让他担任我们的体育小老师，每天陪着我们跑步。同时，我们对他进行心理辅导，让他感受到老师对他的期望与关心。最后，终于打破冰山，他肯主动写作业，认真上课了。

班级管理的最大阻碍就是"学生少定力，问题易反复"。做一名智慧型班主任，应讲究教育方法，善于运用"南风效应"。小梁如果没有感受到我们对他的照顾与关怀，就难以解开心结，也难有进步。可以说，这次教育，不仅是一次知识补习，更是一次心灵对话。

防止刻板效应，关注学生发展

"刻板效应"是指人们用刻印在自己头脑中的关于某类人或事物的固定印象，以此为判断和评价人或事的依据的心理现象。比如，在大家的印象中，广东人说的普通话不够标准，生意人头脑精明，打工者朴实无华，体育老师魁梧强壮，音乐老师温婉可人等等，都是刻板效应在脑海里产生的心理现象。

由于"刻板效应"和事物实际相似，经过联结后，会让人通过眼前的情景和直观感受，诱发效应的体验。它有一种用老眼光待人待物的特点，用的是一种陈旧观点看待人和事。

针对"刻板效应"，苏联心理学家曾做过这样一个实验：研究者向参加实验的两组大学生出示同一张照片，但在出示照片前，对第一组学生说"这个人是一个十恶不赦的罪犯"；对第二组学生却说"这个人是一位知识渊博的科学家"。然后他让两组学生用词汇描述照片上这个人的相貌。第一组学生的描述为：仇恨、绝望……第二组的描述为：深邃、坚强……对于同一个人，仅仅因为先前得到的提示不同，就在描述时用了差别如此之大的词汇，可见，"刻板效应"的力量真的很巨大。

"刻板效应"在群体心理中较为常见，在班级管理中也不乏存在。

有一次，我正坐在办公室里批改卷子，忽然听到背后传来一阵批评责备声，原来是坐在我后面的老师正在批评一个学生。那个学生我也认识，他已经不是第一次走进办公室接受老师的教育了。他脑袋垂得很低，眉头紧紧皱着，看得出来，他很伤心。老师问话："你平时学习都不肯好好学，连做作业都要老师催三催四，听写也差强人意，怎么这次考试成绩这么好呢？你是不是偷看别人的了呢？告诉我，这份试卷有哪些是自己做的，哪些是看别人的？你不要以为你没说，老师就会不知道……"听到老师劈头盖脸的责备，那学生急得边哭边解释："老师，我没有看别人的，都是我自己写的，我没有……"但在老师面前，这位学生的解释是无效的。

由于班主任对学生有了刻板的印象，哪怕学生取得了进步，还是用原来的眼光去看待他，导致了偏见、成见的产生。这样不仅伤害了学生的自尊，也影响了班主任的形象。事物总是变化发展的，班主任管理怎样才能与时俱进，避免"刻板效应"带来的弊端呢？

首先，打破教育思维定势。思维定势是由先前的活动而造成的一种对活动的特殊心理准备状态，或活动的倾向性。在环境不变的条件下，思维定势使人能够应用已掌握的方法迅速解决问题。而在情境发生变化时，它则会妨碍人采用新的方法。消极的思维定势是束缚创造性思维的枷锁。让我们来看一个家喻户晓的故事《司马光砸缸》。

有一天，司马光和小朋友们在一起玩捉迷藏。有一个小朋友爬到假山上，结果不小心摔了下来，正好摔到大水缸中。水缸又高又大，小孩儿很快就会被淹死。别的小朋友有的吓哭了，有的吓跑了。只有一个叫司马光的小朋友很勇敢，他急中生智，抱起地上一块大石头狠劲儿向水缸砸去，水缸破开了，水哗哗地流了出来，缸中的小孩儿得救了。司马光机智勇敢的举动，受到了大家夸奖。

打破思维定势是改变"刻板效应"的第一步。司马光没有采取空手把人从缸中拉出来的救人方法，而是采取了把水放出去这种见效更快的方法，他就是靠打破定势思维达到了事半功倍的效果。班主任也应善于打破思维定势，用动态的眼光去看待学生成长，有意识地克服习惯用旧方法解决问题的缺点。只有这样，我们才能少犯错误，少走弯路。

其次，关注学生个体发展。学生作为正在发展中的个体，他们的身心发展自有规律和特点。发展中的个体，意味着他们是不成熟的、正在变化的。所以，应以发展的眼光对待学生，关心他们的发展动态，使得他们健康成长。每个孩子都是一朵花，只不过花期不同。有的花，一开始就灿烂绽放；有的花，需要漫长等待。

有个学生学习很不好，考试很少及格，平时也不说话。我找他谈心，然后他爱跟我说话了。他的父母在外地打工，他常年和奶奶生活在一起。奶奶没什么文化，对他的学习过问少。我常给他讲一些故事，让他明白学习的目的与意义。上课时，我经常表扬他、鼓励他，渐渐地他对学习感兴趣了，并且一点点进步了，期末时考试获得了84分的好成绩。他天真地问我："老师，我不是差等生了，是吗？"我告诉他："我从来没有认为你是差等生。努力吧，我相信你一定会取得更好的成绩，你一定是父母的骄傲。"他听后眼睛里闪烁着自信的光芒，学习更有劲头了。

世界是不断变化的，人也是如此。在班级管理中，班主任不应以呆板的眼光对待学生，以防止"刻板效应"的产生。班主任应用动态的眼光看待学生，与时俱进，才能使学生获得更好地成长。

巧借皮格马利翁效应，以爱真诚相待

有一个叫作皮格马利翁的国王，他擅长雕刻。一天，皮格马利翁用高超的雕刻技艺雕塑了一座美丽动人的象牙少女像，在夜以继日的工作中，他把自己全部的精力与爱恋都赋予在这座雕像上。他对雕像每天注以深情的眼光赞赏不止，像对待自己的妻子一般抚爱她，装扮她，给她起了一个美妙的名字伽拉泰亚，并且向神明祈求让她成为自己的妻子。希腊爱神阿芙洛狄忒被皮格马利翁的爱恋打动了，赐予雕像生命，并且让他们结为夫妻。后来这一故事被人们运用在心理学上，称作"皮格马利翁效应"，它表明的就是暗示的力量。心理暗示作用常常会使别人不自觉地接受一定的意见或者信念，使对象的行为结果越来越靠近暗示的观点。

在班主任管理工作中，班主任就是教育工作中的"皮格马利翁"。班主任经常给予学生肯定性的鼓励、恳切的期望和充分的信任，能够唤起学生的自信心和前进的动力。这就是班级管理中的"皮格马利翁效应"。《放牛班的春天》是一部让人感动而泪流满面的法国电影，它塑造了一位对孩子充满信心与期待的伟大的教师形象——马修。马修老师担任一间男子寄宿学校的助理教师，这所学校有一个外号叫"池塘之底"，因为这里的学生大部分都是犯过罪的、难缠的问题儿童。在管理班级的时候，马修对班上的每个孩子都是给予满腔热情与期待的。面对孩子们的犯错，他都会给他们在实践中改正过错的机会，挖掘他们的闪光点，并有静待他们成长的耐心。"漫天撒下爱心种，伫看他日结果时。"类似的故事还有很多，请大家看看下面这个故事。

用心去关爱学生[1]

开学前一天，班上有个学生叫王小豪，当时因为他在我讲话时随便插嘴，我批评了他几句，他就和我顶嘴了。一个初一的学生才进校，胆子竟然这么大，当着全班学生的面和老师顶撞，我很生气。但我没有和他正面发生冲突。因为我对他不是太了解，如果和他发生冲突的话，万一这孩子脾气比较犟，于己于他都不是太好。所以我就叫他放学后留下来。

我仔细打量了他，他穿的衣服比较朴素，而且衣服比较脏。我首先问他父亲在哪工作，问到母亲时，他眼睛里流露一种莫名的伤痛。当我另转话题时，他开口了。他说他是一个单亲家庭的孩子，从小就没见过他的妈妈，他和爸爸生活在一起。可能就是由于家庭不完整造成如此性格。了解以上这些情况后，我感觉到他需要我的关爱，对于他做的那件事情，我再也气不起来了！

在以后的相处中，我就特别留心这个从小失去母爱的孩子。过了不久，他又相继地出现了一些有违中学生日常行为规范的事。9月4日下午第二节课上地理课，他看小说，被我发现。9月8日放学后，他的同学被别人欺负，他替同学出头，打了另一个同学。11月10日检查英语练习册，他没有完成。10月28日语文练习册也没有完成等。才一两个月的时间，他犯的错误就不少了。针对这类学生，我们不能一味地去责骂他，这样的教育方法是于事无补的，说不定还会适得其反，让他形成逆反心理，以后的教育就更没法开展了。怎么办？

首先，真情投入，营造温馨和谐的"家庭"。平时，我经常留心他，利用空闲时间找他谈心。告诉他，母亲的走不是你的错，现在你应该好好学习，不让父亲操心，用自己的实力，以后让父亲享福。平时他作业上有什么不明白或是做错的，我都会帮他讲解，直到他懂为止。利用自己的真情，让他感受到老师的爱；用情感关怀的态度，亲切温和的语气，尊重理解的氛围，让他感受到世界充满爱。此时，他便可感受到老师和同学们都是自己的知心朋友，是最可信赖的人，这样我们的感情才能得到交流，他也容易接受

---

[1] 闫红江：《班主任教育案例》，《好家长》2016年第4期。引用时有删改。

教育和指引。

其次，采用鼓励机制，增强他的自信心。开学第一天，我对班上的学生不了解，选任班委时，我就让学生们毛遂自荐。当选到副班长时，王小豪便自告奋勇地举手了。一个人不是生来什么都会的，能力是靠后天锻炼的。为了不挫伤他的锐气，鼓励他认真学习，我当时就同意了。通过后来的考察，我发现他能力还是比较好的。最重要的是非常有集体荣誉感，只要班上发生什么事，他都会主动来跟老师讲。慢慢地，他成了我的得力助手。每一个成长中的孩子都渴望被父母肯定，被老师肯定，被社会肯定。只要能针对孩子的优点去夸他、肯定他，他必然会变得更好。

最后，善于捕捉它身上的闪光点。我不停地发现他的闪光点，经常在上课的时候当着全班同学的面表扬他，主动给他在课堂上发言的机会。实践证明，老师应该更多地发现学生的闪光点，甚至可以做适当的夸大，而不应更多地批评他们的缺点和错误，否则只会造成一个恶性循环，使他们越自卑越逆反，越逆反越爱犯错误。现在我庆幸，幸亏当时没有放弃他，悉心指导他，现在取得的教育效果相当好。

面对着一群自信心不足的孩子，面对着一群或许并不是那么优秀的孩子，我们依然要对他们抱有信心与期望。哪怕他们曾经犯过令你困扰、恼怒的错误。其实，孩子不正是在一次次犯错与改正中成长的吗？王小豪的经历正是"皮格马利翁效应"在班主任管理中的体现。虽然王小豪的问题反复出现，但是"我"仍能坚持爱的教育，悉心指导他。最后，王小豪在"我"的关注与教育下，树立了较强的自信心，变得更为优秀了。

对于班主任来说，运用"皮格马利翁效应"管理班级是一门艺术，它不仅需要班主任对学生充分了解，更需要班主任辛勤劳作与不断地奉献。素质教育的核心是面向全体学生，这就要求我们像皮格马利翁一样，把热情与希望寄予在每一个学生的身上，以真诚相待，以爱护相向，把孩子培养成为优秀的人才。

深化增减效应，牵引向上之心

"增减效应"，又称作"阿伦森效应"，是指人们最喜欢那些对自己的喜欢呈不断增加的人，最不喜欢那些对自己的喜欢呈不断减少的人，心理学家们将人际交往中的这种现象称为"增减效应"。这就是说，高明的班主任会多采用"增减效应"中的积极因素促使学生进步，利用学生喜欢受赞扬的心理以及被表扬的幸福感，积极呵护学生的上进之心，使之增加对班主任的好感，以增强教育效果。

"增减效应"如果使用恰当，将产生意想不到的效果。有这样一个故事：在一座宿舍楼的后面停放着一辆废旧的汽车，院子里的孩子们每天晚上都爬上车厢蹦跳吵闹，大人们越是警告他们不许做，他们越是玩得欢。有一天，一个大人对这些孩子们说："今天我们比赛，蹦得最响的那个小朋友可以获得一份玩具。"孩子们听了十分开心，互相比赛谁蹦跳得更有劲，最后优胜者果然有份大大的玩具奖励。第二天，这个人又说："今天的优胜奖品是两颗糖果。"孩子们看到奖品分量降了，心里不甚愉悦，都随意跳了几下。第三天，那个人又说："今天的优胜奖品是几粒花生米。"孩子们听了，纷纷跳下汽车，说："不跳了，真没意思，礼物这么小，还不如回家看电视。"这个故事很有意思，在大人们"正面教育"难以有突破口时，这个人采用了"增减效应"法，起到了意想不到的教育效果。

那么，在班主任管理工作中，如何运用"增减效应"的"增"与"减"，激发学生的上进之心呢？

"忠言逆耳利于行"。诚恳地指出对方的不足，可以促使他扬长避短，不断取得进步。忠言利于行，但"逆耳"的教育方式不是每个学生都能接受的。所以为了让学生更乐于接受自己的意见，改正错误，班主任要多"增"而少"减"，在学生"服药"前先给一颗糖。先肯定长处，再提出批评，学生就比较容易接受，更乐意进行改正。

晓莹在我们班学生的眼中可是一个十足的"学霸"。她不但学习成绩好，经常排名年级前十，还在各项知识比赛中屡次获得优异成绩。可是，第二次单元考试结束后晓莹考了第十五名。看到她突然直降的成绩和满不在乎的态度，我找她到办公室聊天。她刚坐下来，我就毫不客气地对她说："我怎么觉得你近期那么傲慢呢？"一听到班主任的批评，晓莹的神情马上变了。趁着她内心变化的瞬间，我换了平和的语气对她说："其实你在老师和同学们的心目中一直都是一个好学生，你是怎么做到学习成绩那么好的啊？"晓莹回答："因为我对学习比较感兴趣，而且自己平时也有下工夫去学习。"讲着讲着，她的双眼都红了。我"乘胜追击"说："真的是一个好孩子，对自己的学习很负责！"听到老师的表扬，她更加不好意思了。我趁机指出问题："只是在第二次单元考试中，你的表现让老师不是很放心呀！出现了很大的落差哦！你要好好总结一下原因，争取下次进步。""老师，对不起！这次考试我考差了，而且对待考试的态度也不端正。我下次不敢了，请您给我一个改正的机会吧。"一向有着优越感的晓莹被班主任的第一句"震住"，然后面对着接踵而来的表扬，内心充满羞愧。这使得晓莹认识到了自己的错误，明白了老师的用心良苦。

面对着在第二次单元考试中退步的"学霸"晓莹，班主任采用了扬"增"避"减"的方式。首先肯定了晓莹在学习中的优秀，表扬她是"老师和同学们心目中的好学生""对自己的学习很负责"。面对着表扬的"糖衣炮弹"，晓莹的内心对于谈话是不排斥的。因此，对班主任后面提出的批评欣然接纳，还诚恳地表明自己的决心和态度。反过来，假如班主任不善于利用学生喜欢受表扬的心理，总觉得晓莹退步了，要批评训斥，一开场就问"这次的考试，你怎么退步那么明显呢？是不是要反省一下？"这会使得谈话处于紧张的气氛中，晓莹的心扉也不敢向班主任敞开了。后面班主任就是说再多的溢美之词，晓莹也没心情去听了。

班主任应善于利用"增减效应"，以一句认同的话语、一个诚挚的点头、一个暖心的笑容给学生以舒适感，继而提出教育建议，这样会更容易获得学生认同。

活用链状效应,学生共同进步

生活环境对于人的成长影响是很大的,尤其是对身心发展尚未成熟的青少年。"近朱者赤,近墨者黑",在心理学上这种现象被称为"链状效应",指的是人们在成长过程中的互相影响。大家熟知的"孟母三迁"的故事,讲的便是孟子的母亲为选择良好的环境教育孩子,多次迁居。孟母选择的三个不同环境对孟子有不一样的影响,正是"链状效应"的体现。

除了家庭,班级是学生待得时间最长的地方,是自我成长的重要场所。由于个体遗传、体质、气质、家庭条件等不同,学生的"链状效应"是多方面的,既表现在思想品德方面的相互感染,也表现在个性、情绪、兴趣、能力等方面的交叉影响。利用"链状效应",班主任可以让不同性格的学生在一起学习,取长补短,共同进步。怎样做才能够使得教育形成积极的"链状效应"呢?

日本著名作家、电视节目主持人黑柳彻子,因撰写《窗边的小豆豆》而被中国读者熟悉。主人公小豆豆以作者本人为原型,她多次因淘气被学校劝退,后来到巴学园学习。面对小豆豆,小林校长一视同仁,他常常对小豆豆说:"你真是一个好孩子呀!"在小林校长的爱护和影响下,一般人眼里"怪怪"的小豆豆逐渐变成了一个大家都能接受的孩子。小林校长用正确的人生观影响着小豆豆,让她在新环境中受到"链状效应"的影响,度过了人生最美好的时光。这个故事告诉我们:创设良好的学习环境,让学生快乐学习,才能促进他们不断健康成长。

班里有个叫小叶的学生，学习很认真，在家里也很听话，但就是很少主动参与班级活动。有一次，我让她在家准备一下，第二天到讲台上讲演。她竟然急哭了，还说希望妈妈和她一起上台讲演，于是我就建议她妈妈和她在家一起准备讲演稿。第二天，我又让班长和几位同学与她一起上台讲演，给她"壮胆"，结果大家对她的表现评价较高，这让她充满了自信。自从那次讲演以后，她就开始积极参与班级活动了，比如在好书推荐会上积极向同学推荐图书，在亲子活动中她采访同学的样子就像一个真正的主持人，在学校合唱比赛中她作为指挥获得了全校"十佳指挥"称号。我在班上大力表扬了她，也肯定了平时帮助过她的同学。在我的肯定声中，班级里涌现出了更多乐于助人、互相学习的"活雷锋"。

小叶同学虽然学习认真，可不喜欢参加"抛头露面"的班级活动。一听说要上台讲演，心里就战战兢兢的。为了让这个学生顺利完成任务，班主任请她的妈妈和同学帮忙，最后大家顺利完成任务，都获得了成长。帮助别人，就是帮助自己。班主任在学生成长中担任着引导者与服务者的重要角色，应为学生创造积极的"链状效应"的条件。有的学生心理比较脆弱、意志不坚强，班主任就应多关心他们，并有意识地让表现优秀的学生帮助他们。优秀学生在帮助同学的过程中也锻炼了自己，提高了自己的能力，做到了互相促进。

"链条效应"是一条链条牵动另一条链条，全部链条都发挥作用，才能使机器运作起来。每个学生就是班级中的"链条"，班主任应争取优秀学生的配合，获得后进学生的信任，为班级创造积极的"链状效应"，促进全班共同进步。

强化鲶鱼效应，优化竞争机制

"鲶鱼效应"源于一个有趣的民间故事：相传，挪威当地人酷爱吃沙丁鱼，特别是活的。渔民在海上捕获到沙丁鱼之后，如果让沙丁鱼活着抵达港口，售卖价格就会比死了的沙丁鱼高出好几倍。可是，因为沙丁鱼生性懒惰，返航的行程又长，虽然经过种种努力，绝大部分沙丁鱼还是在归程中因窒息而死亡。只有一位渔民的沙丁鱼总是能活着抵达渔港，因此他赚的钱总比别的渔民多。这位渔民一直严守秘密，直到他逝去后，秘密才得以公开。原来，他在沙丁鱼群里放了几条鲶鱼。由于鲶鱼适应性非常强，生性凶残，以鱼为主食，所以当它进入了陌生的鱼群后，便四处游动掠食。沙丁鱼见到异己分子特别紧张，四处躲藏，加速游动，这样缺氧的问题就迎刃而解了，最终一条条活蹦乱跳的沙丁鱼被运回了渔港。人们把这种现象称为"鲶鱼效应"。

物竞天择，适者生存。外来分子鲶鱼的参与，改变了沙丁鱼现有的生存环境。鲶鱼对沙丁鱼有刺激与挑战的作用，沙丁鱼为了生存，只能不停地游来游去，以适应新的环境。"鲶鱼效应"也可以运用到班级管理中，让"死水一潭"的班级变得活跃、积极。如果说学生是一批"沙丁鱼"，那么我们应引进"鲶鱼"，以促进班级建设。

班里如果有些学生不爱学习、行为习惯差、与老师同学关系不协调等，怎么办？运用"鲶鱼效应"不失为一种有效方法。第一，可以激发学生的潜能。如果在班级中合理培养"鲶鱼"，则可以在一定程度上激发学生的潜能，让他们的积极性得到提高。第二，能够形成良好的竞争氛围。学生与学生之间的良性竞争，是班级激励的主要措施。"鲶鱼"型学生富有张力，将给"沙丁鱼"型学生带来压力，这有助于在班级中形成竞争氛围，达到促进班级良性发展的目的。班主任要学会做聪明的"船长"，发现、培养"鲶鱼"型学生，让他们成为促进班级发展的力量。

班级不像企业公司，可以简单地从外面引进"鲶鱼"型人才，只能靠班主任具备慧眼，发现或者悉心培育"鲶鱼"型学生。班主任要对"鲶鱼"型学生进行培训，使他们拥有某方面的特长，以激发"沙丁鱼"型学生的积极性，从而实现班级集体效益的最大化。

在开学第一天的班会上，面对着新同学，我说："同学们，你们好！很开心能与大家相聚在一起。我们是一班，打开花名册，第一个看到的班级就是我们一班，我们是年级的门面！"我想以此番话来激发学生的荣誉感，提醒大家努力学习，注意言行举止，不要做出不良表现。可没想到的是，一些学生对此一点都不在乎，一副无所谓的样子。看到这样的他们，我心里甚是着急。

这个时候，我看到了每次数学考试成绩稳居班级前三的黄泽。他是一个高高的男生，戴着一副黑框大眼镜。在那厚镜片后，有一双明亮的眼睛。我发现他对学习非常积极，特别是数学，一学起来就充满激情。于是，我心里酝酿着一个"天才计划"。

一个周五下午，我把黄泽叫到了办公室。我让他坐在对面的凳子上，开门见山问道："黄泽，老师发现你在班里学习十分积极，而且成绩很优秀，老师非常欣赏你。你是怎么保持对学习的热情的呢？"黄泽听到我的表扬，红着脸不好意思地回答："老师，我希望自己学习好一些，可以考上自己喜欢的大学。"我向黄泽说明了我的计划，希望他带动大家一起学习，他同意了。

第二天，我召开了班会，主题是"我们为何学习"。我让孩子们发表自己的意见，有的说是为了自己，有的说是为了父母，有的说不知道。我把黄泽的故事告诉了大家，并号召大家向黄泽学习，互相促进。榜样的力量是无穷的，一个先进人物会给整个集体带来正能量。从那天起，我明显感受到大家对学习的热情，黄泽也更加喜欢学习了。在这样的你追我赶的学习中，班级的学习氛围浓厚了起来，大家都获得了不同程度的进步。

"鲶鱼效应"是依靠刺激产生的效应，有正面作用，这种刺激不是强制性的、威逼性的，而是促进性的、鼓舞性的。黄泽本身很优秀，具有"鲶鱼"特征，对大家来说具有促进作用，有利于班级形成良性竞争氛围，改变一些同学不思进取的境况。

除了让优生充当"鲶鱼"外，还可以让原本属于"沙丁鱼"的学生成为"鲶鱼"，即班主任要善于发现他们的闪光点，提高他们的自信心和竞争意识，激励他们勇于接受"鲶鱼"型同学的挑战，不断历练自我、超越自我，最终成为"鲶鱼"。

谨记超限效应，合理运用奖惩

我们经常可以看到这样一种现象：班主任老是抱怨学生不好教，学生不懂事，叛逆期越来越早。常常叮嘱学生遵守行为准则，但学生常常不把它们当一回事。为什么学生显得越来越叛逆？为什么我们觉得学生越来越不容易教了呢？请回顾一下，我们在教育学生时，是不是像僧人念经一样叨念个不停呢？我们担心学生听不明白道理，对他们重复了一遍又一遍。其实，过多的重复将使学生的心理产生"超限效应"。

所谓"超限效应"，是指刺激过多、过强或作用时间过久，从而引起心理极不耐烦或逆反的心理现象。著名作家马克·吐温有一次在教堂里听牧师演讲，一开始，他认为牧师演讲得很好，打算捐款；可十分钟过去了，牧师还没讲完，他觉得有点不耐烦了，决定只捐些零钱；又过去了十分钟，牧师仍没有讲完，他已经决定不捐赠了；终于，牧师结束了演讲开始向大家募捐，这时，过于气愤的马克·吐温非但没有捐款，还偷偷地从盘子里拿了两元钱。很明显，因为牧师演讲的时间太长，马克·吐温心里发生了变化，由一开始的感动到后来的厌倦甚至是气愤，导致他不但分文不捐，反而从盘子里拿走了两元钱，以补偿他的精神损失。这种心理效应正是"超限效应"。这个效应给我们的启示是：在批评或者表扬学生的时候，应该掌握一个"度"。古人有语："过犹不及。""不及"肯定达不到预期的目的，但"过度"又会使人心理产生一种"超限效应"，起到相反的作用。

为什么学生心里会产生"超限效应"？

第一，习惯性指责。学生犯了错误，班主任常常不止一次地重复相同的批评："到底是为什么？老师之前跟你说过多少次了，你怎么就是一点也听不进去呢？""作为学生，你不做作业对吗？""我一直都没看到你有改进的地方，这次你把家长叫过来，我要和你家长谈谈。"面对学生的错误，班主任习惯不停地唠叨。一开始听到老师的批评，学生会对自己的错误行为感到羞愧，但由于班主任批评起来没完没了，就会产生不耐烦甚至讨厌心理，最后被逼急了，还会出现与班主任对着干的逆反心理。"你不爱我这样做，我偏要这样做！"

第二，存在偏见。看到学生犯错误，特别是曾经犯过错的，班主任就会用"有色"眼光看待他，甚至喜欢"算旧账"："这个问题你以前也犯过了，老师也说了，你现在还没有改正过来。"有时候还把学生的错误当作反面教材，在班上大讲特讲，导致学生对老师非常反感。

第三，过度表扬。对于表现良好或者学习优秀的学生，表扬是必要的，但是如果无节制、过度地表扬，就会让表扬失去鼓励的作用。表扬的话语听多了，学生就缺少"敏感度"，效果往往适得其反。

有研究证明，教师对学生的期望与学生最终的发展之间，存在着明显的良性循环和恶性循环机制。在运用"超限效应"时，要学会掌握"度"，避免产生"物极必反"的消极效果。为了可以更好地掌握奖惩的"度"，班主任应重点关注以下几方面内容：一是奖惩时一定不能变味，既不能只顾奖励或惩罚而忽略教育才是真正的目的，又不能将惩罚变为变相体罚；二是奖惩要根据教育对象的年龄特点与心理认知能力而制定，不能损害学生的身心健康；三是掌握好使用奖惩的频率与程度，不能无节制地滥用，否则就失去了教育意义。

我的班主任成长故事[①]

我接手成为一个班的班主任，发现有个叫陈晓华的学生，上课总是低着头，无精打采，被提问时总缄默无语；家庭作业要么全留空白，要么乱写一

[①] 周珠秀：《我的班主任成长故事》，http://www.docin.com/p-1610782426.html。引用时有删改。

气，全是错别字，甚至连最简单的生字书写也是错漏百出；每次测验成绩都只有二三十分。"你怎么连作业都不做呢？你这样还是一名学生吗？""我都和你说过多少次了，你怎么一点也没改进呢？"面对着老师的批评教育，她的情况没有得到改变。

我想帮助陈晓华。于是我来到她家里，正碰上她在家煮饭。在与她奶奶交谈中得知，原来她父母常年在外打工，将她托付给了奶奶，而奶奶年纪大了，家务都压在她柔弱稚嫩的肩膀上。我劝了两句，她奶奶的一句话让我傻了眼："她学习不好，读不读有什么关系，还不如去赚点钱！"

听了这些话，我的心情格外沉重，难道我能眼睁睁地看着她离开学校，让她过早地承受生活的重担吗？不能，我的职责告诉我。针对她的情况，回到学校后，我尽可能地抓住一切机会亲近她，以关爱之心来触动她的心弦。当她忘了做作业的时候，我不是去指责她，而是说："这次的作业你什么时候有空补回来呢？""你比之前进步了哦，要继续努力。"我还经常找她闲谈，引导她用感恩、享受的心态看待现实生活……组织几位班干部来帮助她，跟她一起玩，一起做作业，让她感受到和同学在一起的快乐。5月9日是她的生日，我知道后，连忙买来蛋糕，组织学生举办了一次班级生日会。她那天高兴极了，脸上泛起了幸福的红晕。经过联系，吹蜡烛的时候，她父母如约打来了电话。这时，我看见她眼里闪烁着泪花，我知道那是幸福的泪花，是感谢的泪花，是打开心门向过去告别的泪花。

后来，在毕业欢送会上，她送了我一张祝福卡片，上面写着这样一段话："老师，感谢您当初面对着屡次犯错的我，没有像其他老师那样唠叨我，而是用行动去帮助我。感谢您的用心，让我有了重新开始的机会……"

周老师从爱护学生出发，面对学生的错误，不是一味批评，而是循循善诱，避免了"超时效应"。如果一味指责，不仅不能帮助学生改正错误，反而会让他们丧失前进的信心。寓批评于鼓励之中，这样的教育方式更容易被学生接受。

勿忘罗密欧与朱丽叶效应，
化解早恋危机

英国大文豪莎士比亚的著名戏剧《罗密欧与朱丽叶》描述的是一个凄美的爱情故事：罗密欧与朱丽叶互相爱恋，却由于双方家族是世代不解的仇家，他们的爱情遭到了双方家长的强烈反对；但是，来自家族的种种压力并没有让他们妥协、屈服，相反地，他们爱得更深，最后迫于无奈的现实，双双殉情。

美国社会心理学家德斯考尔将这种现象称为"罗密欧与朱丽叶效应"。心理学家对恋爱中的人们做过一项调查研究，得到一个有趣的结论：凡是遭遇家庭反对的情侣，其爱情关系会比原来更加密切，而那些没有遭遇到反对的，反而有一部分关系变得更疏远了。因此"罗密欧与朱丽叶效应"是指当出现干扰恋爱双方爱情关系的外在力量时，恋爱双方的情感反而会加强，恋爱关系也因此更加牢固。除了《罗密欧与朱丽叶》，中国古代四大名著之一《红楼梦》中的林黛玉与贾宝玉，民间爱情故事《梁山伯与祝英台》中的梁山伯与祝英台也是类似的例子。

人是群居动物，在生活往来中，一般都会产生情谊，或是与生俱来的亲情，或是忠贞厚德的友情，或是浪漫甜蜜的爱情……其中，爱情是人与人之间强烈的爱恋，互相亲近的情感。不过，这一看似寻常的、普通的爱情，一旦发生在未成年人的身上，将被冠以"早恋"的名号。在教师或家长眼中，它们如洪水猛兽般侵蚀着孩子的心灵，会给他们的身心健康和学业成绩带来消极的影响，是需要扼杀在摇篮里的"恶魔"，是需要灭绝的"病菌"。这种认知心理导致班主任以权威者的身份，对学生的早恋实行强硬的、粗暴的干预。例如，一听到学生早恋，就不分青红皂白地批评，甚至"棒打鸳鸯"，以尽早把早恋的苗子连根拔除，让他们归于正途。其实，这样的做法往往事与愿违。

哪个少年不钟情，哪个少女不怀春？心理学家霍尔首先提出青春期理论，认为青春期是人类成长过程中一个动荡的过渡时期。早恋对于正值青春期的少男少女而言，是正常而普通的现象，不必大惊小怪。这种行为是由处于青春期的中小学生生理和心理发展的阶段性特点决定的，也是心理转化为行为的实践。高年级学生的生理发育的各项指标都接近成年人，心理上也趋于半成熟，于是，他们从心理上更想像成年人一样交友，像成年人一样做自己喜欢做的事情。这个时段他们因生理的变化，内在的性意识产生，对异性衍生出爱恋。当然，排除生理因素，社会上的一些因素对未成年人的早恋也有影响，包括互联网和现代化通讯工具的普及，大大改变了他们的交友方式；社会上不良风气的影响和学生之间相互模仿的从众心理等，也导致青少年早恋萌芽提前。

早恋在班主任管理工作中属于敏感且常见的问题，如何打破"罗密欧与朱丽叶效应"？在这里，我们要禁止两种极端的做法：一种是放任不管，"睁一只眼闭一只眼"；另一种是严厉封杀，"不分青红皂白"。科学的做法应该是以下几种：

第一，莫谈"性"色变。开展正确的性知识教育，淡化性的神秘感。对于未成年人而言，对性知识和异性的了解渴望，都是身心成长的必然结果。科学的、健康的性知识教育，可以促进青少年正确看待自己的青春期身心变化，减缓对性的神秘感与因此带来的心理烦恼，保持自身身心健康发展。对于国外的青少年教育来说，性知识、性道德和法制教育进行得很自然。但是纵观国内，特别是面对未成年的学生，性教育是一个难以启齿的话题。青春期性教育被模糊带过，导致因好奇心而激发的早恋行为出现。班主任不应谈

"性"色变,而应给学生普及科学的性教育,例如举行青春期主题班会、观看性教育健康教育片等,让他们顺利度过敏感的青春期。

第二,正确认识"早恋"。苏霍姆林斯基说:"真正的教育只有当学生有自我教育的要求时方可能实现。"班主任不但要让学生正确认识到友情和爱情的区别,而且要营造良好的班级氛围,化"爱情"为友情,让学生用正常的心态与异性交往。班级中男女生正常交流是成长和情感的需要,引导学生进行正常的异性交往,有利于提高学生为人处世的能力,建立正确的人际关系。

第三,尊重学生的感受。五花八门的偶像爱情影视剧和书刊里的英雄人物故事,引发了很多学生对童话般爱情的憧憬。他们因心智不完善、不够成熟,容易走入早恋误区。班主任此时应从理解的角度出发,在对早恋学生做思想工作时,既要指出早恋的危害性,更要引导他们树立正确的人生观、价值观,树立远大的人生目标,为实现自己的理想打好基础,远离不切实际的爱情。

精诚所至,金石为开[①]

高考临近,小亮(化名)的一个行为打破了生活的平静——他溜进了女生宿舍……更让人惊讶的是,表现向来不错的他,出现了上课走神、成绩下滑等不良情况。曾经与他交好的朋友反映,小亮经常和一个女生结伴而行,举止亲昵。综合小亮近期的各种表现,我可以断定他跟那个女生关系不正常。

对于这个棘手的问题,我有点手足无措,但是我必须面对。

首先,搭建沟通桥梁,化解心理戒备。我打算先从那个女生入手,作为解决问题的突破口。她意识到我的来意,似乎作好了十足的"应战"准备。令她万万没有想到的是,我没有直奔主题,谈早恋的危害性,而是跟她聊起了"处对象"这个敏感话题。她满脸惊愕。随着话题渐渐深入,她慢慢地敞

---

① 罗霞恋:《精诚所至,金石为开》,https://wenku.baidu.com/view/d9951d7b974bcf84b9d528ea81c758f5f71f296d.html。引用时有删改。

开心扉，跟我聊自己的情感经历、择偶标准等话题。我想，她已经放下了对我的心理戒备。

其次，改阻为疏，引向正轨。我看时机已经成熟了，就把话锋转向了小亮。没想到的是，她的口吻和小亮如出一辙。我看到了一对小情侣对彼此情感的笃定和信心。我没有急于否定他们的情感，因为我知道每个年龄段都有特定的情感。我有意先避开小亮不谈，而是先谈"什么是喜欢"。在这个问题上，我们达成了共识——喜欢就是要让自己和对方都变得更好。在这个认识的基础上，我趁热打铁，给她来了一壶"爱情鸡汤"。我联系当下最热的一部电影《后来的我们》，告诉她真正喜欢一个人是让他幸福，而不是让他处于痛苦之中，否则什么是真爱呢？爱他就告诉他，让彼此变得更优秀。听完这席话，她的眼圈湿润了，哽咽道："老师，您不用说了，我知道怎么做了。"

最后，一纸约定，化为动力。接下来的很长一段时间，我再也没有听到关于他们二人的早恋传闻。更可喜的是，他们两人的表现也发生了翻天覆地的变化。后来，我让他们在纸上写下为高考共同努力，考同一所大学的约定。我想，没有人比他们更清楚这张纸的重量。后来很长的一段时间，他们的状态都非常好。我暗自替他们感到高兴。

情窦初开的花季雨季里，不仅有生理的成长，也有心理的成长。爱恋情感本身既美好又纯洁，它是青少年长大的一种标志，也是孩子认识自我、发现自我需要的一面镜子。罗老师在处理学生早恋问题上，能够做一个倾听者，倾听学生的心声，打开学生青春期的烦恼大门。此外，罗老师讲究教育技巧，将过早开放的青春引回正轨。虽然最后小亮和女生依然保持着亲密的关系，但两人成为了学习争优并进的队友，这是良好的教育结果。

第四，积极联系家长。父母的素质和关系状态、家庭成员的数量与结构情况、家庭生活的类型等，对于青少年来说都会影响他们早恋的发生。特别是特殊情况家庭的子女，如单亲家庭、独生子女家庭、宠溺型家庭、专制型家庭、忽视型家庭等，由于家长在教育孩子方面存在着一定的误区，会导致某种程度上对孩子内心世界的忽视。处于青春期悸动但受到忽视的孩子容易将这种情感转移到异性同学身上。因此，需要加强与学生家长的沟通，指导家长尊重孩子的人格和感情，找出早恋的主客观原因，然后对症下药。提醒家长应给予孩子更多的温暖和关心，消除孩子向外寻找情感寄托的无助心理。培养孩子广泛的、积极的兴趣爱好，以减少青少年青春期生理、心理的波动。

早恋不是问题，问题是如何引导。正确的引导离不开家庭、学校、社会相互合作，更重要的是学生自身的意志。迈过早恋这个"坎儿"，需要大家一起努力。

第五章
潜移默化,做魅力班主任

杜甫有诗云:"随风潜入夜,润物细无声。"用它来形容春雨润泽万物于无形再形象不过了。班主任也应以自己高尚的人格魅力去影响、润泽学生,这是班级管理的一种重要手段,可以产生深刻的影响力。特级教师于永正这样说:"当老师教育学生时,如果学生知道你在教育他,你的教育就失败了。"教育无痕是教育的最高境界,是教育的本真。潜移默化,这是教育过程中的一种追求,一种规律,一种原则,乃至一种艺术。

"学高为师,德高为范"。教育过程是缓慢的,班主任的人格魅力在学生成长过程中具有示范作用,这一示范作用主要依靠学生的"向师性"完成,是无痕的。班主任的品格越高尚,学识越渊博,才艺越多样,其人格魅力就愈大,对学生的吸引力愈强,教育效果就愈好。学生与班主任在接触过程中,不知不觉地学习班主任的言行举止,接受班主任的影响。在这个过程中,班主任的言传身教是其他方法难以代替的。班主任应自觉提升道德品质和专业水平,让教育获得更好的效果。

做好学生导师,担任行为楷模

我国著名教育家张伯苓先生在创办天津南开中学的时候,在一次修身课上,看见一位学生的手指焦黄,便对他说:"看你的手指被熏得那么黄,吸烟对身体有害,应当戒掉!"学生调皮地反问:"您怎么也吸烟呢?"张先生一时无言以对。过了一会儿,他从怀里取出自己的长烟杆,将它一下子折断,宣布:"从今以后,我和全体同学一起戒烟。"果然,张伯苓从此再也不吸烟了。这是一个令人深思的故事,让我们认识到班主任的言行举止对学生有着多么深刻的影响。

班主任是班级的直接治理者,对学生的健康成长具有无可替代的重要作用。班主任在教育工作中扮演着许多角色,具有多重身份,其中最重要也最为基本的角色是引导学生学习和生活的导师。在学习上,班主任负责传授知识,注重的是学习方法和学习目标的引导,教育学生热爱学习、把学习搞好;在生活上,班主任要对学生的生活方式和生活行为给予指导,让学生养成良好的生活习惯。中小学阶段是学生"三观"塑造的关键时期,身为班主任,应多关注学生的思想和心理状态,做好学生的人生导师。

班主任应该身体力行,成为学生的榜样。"其身正,不令而行;其身不正,虽令不从。"言传是身教的基础,身教是言传的关键。班杜拉认为,榜样具有替代型强化的作用,而榜样示范作用的机制便是榜样本身具有的教育功能。可见,榜样力量将是巨大的。我在担任班主任期间,要求学生着装整洁,不穿奇装异服,所以我每天出门的时候,都会站在穿衣镜前面检查自己的着装与发型是否干净整洁；毕业班的时间比较紧，我要求学生必须抓紧时间，我也会按照与学生的约定时间准时出现在教室中，督促大家努力学习；在大清洁中，我会撸起袖子、卷起裤脚，与学生一起热火朝天地干活；早读课上，我要求学生坐姿端正，声音洪亮，我也会捧起书本加入朗读的队伍中……于是乎，很多时候，不用我三番四次说教，学生都会看在眼里，谨记于心，认真执行。

相信很多人都听说过海伦·凯勒这个名字，她自幼就是一个同时患有盲、聋、哑三种疾病的残疾人。她经历了常人难以想象的痛苦和艰难，最终战胜了命运，并以优异的成绩完成了高等教育，成为著名作家和社会活动家。可是鲜为人知的是，谁把她从黑暗无声的世界中带出来的呢？是她的老师安娜·莎利文。就是这位老师用自己的勇气、才能、创造精神、顽强的斗争意识和坚韧的性格，以自己的身教承担起打开海伦黑暗无声大门的重任。有人说是安娜把海伦·凯勒的心灵解放了。试问，如果不是安娜握着海伦的手让她去抚摸感受外界的事物，让她的手按住自己的喉咙，感受每一个字的发音振动，又怎么会有后来的海伦呢？这就是言传所无法企及的教育力量，而且在世人都知道了海伦·凯勒的事迹之后，她本身就成为了那个萧条时代里的一盏明灯，她的坚强和力量为当时的人们带去了希望，这也是一种身教，也是身教具有无与伦比的号召力、感染力和重要性的证明。

班主任是教师中的教师，言传身教要有更高的修养，才能用自己的灵魂去影响学生的灵魂，用自己的言行影响学生的言行。如果班主任不以身作则、言行不一，那么再好听的话语都是苍白无力的。班主任怎样才能更好地把身体力行落到实处呢？以下几点建议可以一试：

第一，班主任要端正自己的教育态度。常言道："心态决定行为。"有怎样的心态，就有怎样的工作状态。要想用自己的行动为学生树立榜样，首要条件是要端正自己的教育态度。教师，不只是在授业解惑上奉献自我，更要在传道育人中贡献力量。如果单纯将班主任工作理解为"只要班级风平浪静、学生人身安全、班级成绩赶上去就好了",这样的认识是片面的,其效果也是较差的。从第一次担任班主任工作起,我们就应明确班主任的工作要求,要以身作则,引领学生成长。因而,即使面对繁杂的班级任务,也要保持一颗热忱的心。

第二,班主任要有端庄得体的仪表。仪表可以体现一个人的文化修养水平,是班主任性格、气质的体现。学生对班主任的评价一般都是从仪表开始的,美好的、优雅的仪表自然赢得学生的好感。仪表不端,则被认为对教育缺乏敬意,这怎么可能期望学生、家长、社会对班主任尊重呢?端庄优雅的班主任一走进教室,就给学生传递了积极向上的信息;相反,如果仪表不端,则容易让学生心不在焉,甚至引起不必要的骚动。我们学校设了一个教师风采展示栏,那里张贴着学校教师的照片及个人简介,每天都会有一些学生围在那里,对着展示栏里的老师们进行点评。记得那次一个教师经过风采展示栏的时候,听到有位学生说:"这个是以前教我们的数学老师!""哇,你们以前的数学老师好漂亮呀!""是的,我们可喜欢她了!"可见,一个教师的精神面貌和仪表在学生心目中有着重要地位。端庄得体的教师更容易获得学生的喜爱,给学生起到更好的榜样作用。

第三,班主任要有文明的言行举止。苏霍姆林斯基说:"一个真正的教育者应当完美地掌握规范语言的各种表达方式……使得自己的语言、思想、信念的教诲进入儿童的心灵。"2017年12月,一位女教师辱骂学生的视频引起社会非议。教师一直要求学生不讲粗话,举止文明,可为什么到了自己身上就变味了呢?辱骂学生违反了教师职业道德和职业规范,对学生的身心会造成伤害,教育工作者要时刻谨记师者身份,用文明的言行举止教育学生做文明的事情。再如,教师平时打骂学生,学生也会模仿,会有与同学斗殴打架的倾向,因为教师的言行已经影响到学生的行为,因此,班主任要注意自己的言行,做文明师者。

"每个孩子身上都潜伏着某种才能的素质,这种素质犹如火药,为使他燃烧起来，必须有引火星，而教师的榜样就是引火星。"班主任是班级大船的掌舵者，做好学生的导师，不仅仅是用渊博的知识教育学生，更要用文明的举止、高尚的品格引导学生，带领学生驶向阳光人生的彼岸。

加强专业素养,用真本事说话

班主任,担任着天底下最小的"官"——主任,但拥有着天底下最宽最广的世界——学生们的心灵世界,经营着最伟大的事业——给学生的心灵沃土上播撒真善美的种子。从某种意义上讲,班级管理质量取决于班主任的专业素养,而管理水平则会影响"真善美"种子的质量。这好比将班主任比作农夫,唯有足够高超的耕耘技术,才能在学生的心灵沃土上收获累累硕果。

专业素养是班主任专业能力发展的基石。随着社会发展的不断深化,给班主任带来了前所未有的挑战。班主任专业素养的强化成为新时代教育的重要命题,也是广大教育者面临的重要课题。中小学生基本是未成年人,无论是身体素质,还是性格行为、智力情商都处于成长的关键期,班主任必须具备较高的专业素养才能引导他们、教育他们。加强专业素养,用真本事说话,我们的教育理想才会开出更加绚烂的花儿。

班主任的专业素养:缺失与重建[1]

班主任是班集体的管理者、组织者,是学生成长的引路人,对学生良好品德的形成、优良个性的培养影响巨大。在现实生活中,却有这样一些班主任,他们漠视教师职业道德,专业素养缺失。面对学生和家长,经常口出狂言,恶语相向,全然不顾教育者形象,造成非常恶劣的影响。

---

[1] 李康耀:《班主任的专业素养:缺失与重建》,《教育视界》2015年第9期。引用时有删改。

有一个初中学生为了从父母那里得到一些零花钱,在交学校资料费时,本是四科的资料费,却向父母说是要交七科的资料费。另外,他想要一部手机,就跟父母说班上好多同学有手机。为了慎重起见,该生的母亲打电话向班主任求证。谁知,班主任还未等家长把话说完,就打断家长的话,怒骂道:"你孩子是混账东西!我在班上清楚地交代过,要同学们交四科的资料费,你孩子怎么说是七科!还有,我班根本没有学生在校园里玩手机,你孩子无中生有。既然这样,叫他明天不要来上学了,请他转学!我班不要他了!"这位家长被班主任一通怒斥,她怎么也没想到,本应是为人师表的班主任怎么如此粗野,不顾及别人的感受。

晚自习时间,班主任当着全班同学的面辱骂那位学生:"某某是骗子!我已经告诉大家是交四科的资料费,他却向父母说交七科。我们班根本没有学生在校园里玩手机。胡说八道!垃圾东西!混账家伙!败坏了我班声誉……"下晚自习后,孩子带着委屈和愤恨回到家里。母亲见儿子两眼发红,就询问情况。在母亲的催问下,儿子忍不住"哇"的一声痛哭起来,边哭边向母亲说:"今天,我的面子被班主任丢尽了,人格遭到严重侮辱……当时,我差点想跳楼。明天早上我拿把刀去捅了他!"孩子的话把母亲吓坏了。在说教无效的情况下,这位母亲只好把十几里路远的丈夫叫回家,又把远在四五十里路外的孩子的外公外婆、舅舅舅妈叫过来,做孩子的思想工作。几个人忙碌了一晚上才把孩子的情绪平静下来,避免了悲剧的发生。

学生撒谎,着实让人生气,需要好好教育,但是班主任不应用不文明之语斥骂家长,这是缺乏专业素养的表现。"爱生,是班主任工作的灵魂。"这种粗暴教育是无法解决问题的,反而会激发师生之间的矛盾。

班主任专业素养主要包括专业职责、专业精神、专业知识、专业能力、心理素质、工作经验等,当班主任的专业素养足以应对班级管理时,那么问题便会迎刃而解。

具体可以从什么方面入手呢?

第一，要有先进的专业素养发展理念。班主任具有先进的专业素养发展理念，才会对班上人或事的发展具备一定的敏感性和预见性，进而及时发现问题，有准备地解决问题，将班主任这项工作做得更细致、更艺术。专业的发展理念是多面性的，不但包括班主任专业素养发展的详细规划，还能用发展的眼光对待学生，为学生的幸福学习和健康成长提供良好的空间。知名教育专家魏书生老师把班主任工作做得很是卓越，成为全国班主任的榜样。他是这么说的："常看常新，常干常新，不仅能增强工作兴趣，更有利于提高工作效率。""一个改革者应该有科学家的头脑，企业家的气魄，未来学家的眼光。"当自己能站在高耸的山峰上时，山地的一寸土、一棵木不也尽收眼底了吗？

第二，要有扎实的专业技术能力。专业技术能力的高低决定了班主任工作完成的好坏。班级是一条船，每个班主任都要有掌舵的能力。掌舵能力强的，能更快更好地"渡"学生到学习的下一站。专业技术能力的提升，可以通过书籍的理论学习获取，也能通过向名师取经、会议培训、与同行切磋交流等方式获取。在干中学，在学中干。比如，我们可以阅读知名班主任李镇西老师撰写的《做最好的班主任》，这本书是李老师近三十年班主任工作经验和教育智慧的精华集萃，全面阐述了李老师关于班级管理各层面的理念和实践经验。阅读此书，与自己的工作经验作比较，将获得更多的班级管理法宝，自己的专业技术能力也可以得到一定程度的提升。

第三，要有深刻的专业反思能力。"不会从失败中寻找教训的人，他们的成功之路是遥远的。"美国心理学家波斯纳提出"教师的成长=经验+反思"的观点。班主任工作每天都会遇到新鲜事，既有快乐的事情，也有郁闷的事情。我们无须急着赶路，应不时停下来看看周围的风景，看那些凋落的枝叶，看那新生的花草，看天空云卷云舒，感受生命的美好；我们无须急着赶路，更要停下来看看朴实的学生、顽皮的学生，活泼的学生、内敛的学生等，想一想那些丰富多彩的教育事儿……这些都是班主任提升自我专业素养的宝贵财富。在停下来的步伐中沉思，在思考中升华自己。可以写一写工作日记、教育随笔，还能与同行好友交流经验，或许，一个更好的教育点子就出来了。紧接着，自己的专业反思能力也增强了。

今天的我该如何做班主任[①]
——怒摔学生手机后的自我反思

1月6日上午第二节课，刚送完女儿上学的我拖着疲惫的身躯来到所带的高二（11）班巡视。我一眼就看到刘欣艺在玩手机，联想不久前她因玩手机在全班宣读过不再玩手机的承诺书，我深感失望，马上走过去要求她交出手机。她不仅拒绝，还试图把手机往抽屉里藏。我顿时火冒三丈，一把夺过手机摔在地上，声色俱厉地对着全班大声吼道："在教室里玩手机不想学习的马上离开！"教室里顿时静得出奇。

看到地上四分五裂的手机和即将失控的刘欣艺，我冷静了一点儿，为了缓和气氛，我说了一句："如果你还想在学校读书的话马上到办公室来！"到办公室后，尽管我用了些"技巧"好歹把刘欣艺的情绪平息了下来，但由于过分生气、发怒，我身心俱疲、痛苦万分，既为自己之前的不正当行为而自责，也有因医嘱严禁生气动怒以免肝病加重的忧惧。晚上，一位化名"春爷"的学生通过QQ对正在备课的我进行了严厉斥责和谩骂……

这一切使我连续一周都隐隐难受。随着身心的渐趋平静，我也进行了深刻的反思。

反思之一：我这样的举动可取吗？

怒摔手机之后，头脑冷静下来的我联想到一系列可怕事件。

联想到"2008年山西朔州第二中学郝旭东老师被杀案""2013年江西临川二中一位高三班主任被其学生杀害案""2015年湖南邵东创新学校班主任滕某在办公室被学生持水果刀杀害案"……假如刘欣艺当时情绪也失控，对我进行追打、人身攻击，我该怎么办？我的答案是"不知道"。

……

[①] 马军：《今天的我该如何做班主任——怒摔学生手机后的自我反思》，《班主任》2016年第5期。引用时有删改。

假如有很多，而我的回答都只有一个，那就是"不知道"！但我又清楚地"知道"，只要有一个"假如"发生，我都会大脑空白、无力应对！唐代文学家韩愈有云"行成于思毁于随"，大教育家孔子也主张三思而后行。身为班主任的我在说话做事前一定要保持理智、冷静，今后绝不能再做出可能伤害学生、伤害家长也伤害自己的言行。须知自己的冲动有可能把一位本质善良的学生从天使变成魔鬼！

反思之二：我为什么会情绪失控？

一方面是由于心态浮躁：自己对班级的期望太高，总想尽快把所带的文科普通班由一个默默无闻的"丑小鸭"变为让同事称赞、领导满意、家长放心的先进班集体，而脱离了班级实际，也忘记了良好班风、学风的形成需要一个相当漫长的过程。另一方面是急功近利的虚荣心在作怪：总想着已经连续5年拿到先进班集体、优秀班主任称号的我无论如何也要争取"六连冠"，因而一遇到班级出现问题马上就想到自己的荣誉可能受损，而不是想方设法去处理。此外，由于没有处理好工作、生活与进修的关系，自己几乎每天都是在疲惫、忙碌中度过，不仅没有锻炼身体，也没有同家人很好地沟通，充电学习更是谈不上，睡眠也严重不足……

长时期的紧张、焦虑、疲惫使我最终变成情绪的奴隶。正如美国著名学者、医生弗登伯格博士所言：对工作的投入是一种很好的积极生命动力，但过分地投入就不好了，它会夺取我们的精力、激情与成就，让生命的目标也为之抹煞，而最终对我们的身心健康造成威胁。一个身心不愉悦的班主任能带出一群身心愉悦、心理健康的学生吗？

反思之三：我为什么会以简单粗暴的方式对待手机事件？

冷静反思之后我想到的第一个语句是不要把复杂问题简单化。怒摔手机事件发生后，刘欣艺在办公室里说出的一句话"我现在这样子能考上大学吗"，突然惊醒了我。刘欣艺玩手机的背后是她对自己基础太弱能否学好没有自信，只能选择玩手机来逃避了。假如我提前主动沟通了解她脆弱不自信的心理并及时加以疏导，也许就不会出现这令人痛心的一幕了。

事情发生后，我又一次同刘欣艺的妈妈进行沟通时得知，由于爸妈都忙于公司生意，几乎无暇顾及女儿的学业与成长，且对女儿的教育缺乏耐心和方法，因此父女、母女的关系都紧张。作为本应及时发现问题并从中协调处理的班主任，我不但没有及时化解矛盾，给刘欣艺受到创伤的心灵以抚慰、支持，反而恶语相加，这不是粗暴地在其流血的心灵伤口上又狠狠地插了一刀吗？

反思之四：自己从事班主任工作成功的标准应该是什么？

怒摔手机事件发生的当晚，我收到网名为"春爷"的学生（疑似刘欣艺"死党"）发来的QQ信息，她对我摔手机的行为进行了谩骂、攻击后，还说了这样两句话："老师，你知道吗，一个老师好不好，从是否得学生的心就看得出！""学生心中有杆秤，真正优秀的班主任存在于学生心中！"这两句话如当头棒喝，使我再次陷入沉思。

作为一名普通班主任，当学生被家长和社会交到自己手中时，我必须善待、欣赏、理解他们，走进他们的心灵，在服务学生中实现作为班主任的价值，这也许就是自己今后班主任工作成功的标准吧！

反思之五：我的班主任专业规划发展科学吗？

事件发生后，我一直在反思自己从事班主任工作的理念、动力和发展规划。经过深刻剖析后，我认识到简单粗暴的背后是我浮躁的急功近利思想，思想的背后则与我个人的班主任发展规划有着不可分割的关系。

曾几何时，我把自己的班主任发展规划定位为"合格班主任—年级优秀班主任—校级优秀班主任—区级优秀班主任—市级优秀班主任—省级优秀班主任"的发展路线图。2011至2015年，5年间我带的班级连续4年被评为学校先进班集体，我也在2013年被评为区级优秀班主任。我梦想着再接再厉早日摘取省市级优秀班主任的桂冠，但突如其来的手机问题成了我"圆梦"路上的绊脚石时，我的冲动战胜了理智，急躁战胜了冷静。

我今后应切实处理好专业教学、班主任能力提升与家庭生活之间的关系，走内聚实力、外树形象，工作、学习与生活并重的道路，全面提高自己,力争与时代共同进步,与学生共同成长,与专业共同发展,走出一条既对学生也对自己、家人真正有益的班主任专业发展道路。

马军老师一直以来兢兢业业为班级忙前忙后,获得了多项优秀荣誉,看似班主任管理之路是成功的。但马老师因一次怒摔手机事件展开了自我反思。几个反思,层层递进,直扣心灵深处。马老师重新规划了班主任工作路线,明确了前进的方向。我们相信,反思后的马老师会带着班级越走越好,越走越远。

作为一名普通的班主任,班级管理工作虽然平凡,但决不能平庸。班主任要加强自我的专业素养,增强真本事,用智慧耕耘教育大地,让一朵朵璀璨之花盛开在教育大地上。

葆有教育热情，做魅力班主任

由于中小学教育的特殊性，中小学班主任容易产生工作倦怠，在日常生活中具体表现为以下几方面：饮食没胃口，身体虚弱，工作无法专注，效率下降，暴躁发怒，精神紧张，态度消极等，严重者甚至产生轻生厌世的想法。根据教育部统计，2015年全国义务教育阶段共有3473411个班，按照"中小学每个班级应当配备一名班主任"的规定，全国大概就有347.34万名中小学班主任，占义务教育阶段专任教师总数的37.92%。如果班主任大都对工作倦怠，缺乏热情，那么基础教育将充满危机。

魏书生老师曾动容地谈论道："我曾和一些原来教书，后来改行从政的同志多次谈心，发现大家有一个共同的遗憾：失去了来自学生的那些激动人心的、纯真的感情。""我们不为所动，偏偏眷恋着这又穷又苦的教师工作，问他们为什么这样，他们也都有一个共同的认识：人活一生不单是为了名利地位，我们教书惯了，把一片真情捧给学生，也感觉到学生一片真情对自己，这才是人世间最美好的。"葆有教育热情的班主任，不但对教育的意义、价值有深刻的认知，还将班主任工作视为实现人生价值的平台，将培养学生作为自己的人生乐事。有了教育热情，才能不断地要求自己提升专业素养，做一名有魅力的班主任。

高尔基认为："天才是由于对事业的热爱感而发展起来的。"对班主任而言，只有热爱教育，才能感受到自己所从事的工作是"太阳底下最光辉的事业"。在班级管理中，班主任既要根据工作要求管理好自己的情绪，又要管理好班级的事务。与其他行业相比，班主任的工作特点和方式都容易产生负面情绪。教育热情并非教学激情，因一时冲动或新鲜感引起的热爱、兴奋之情是昙花一现的，而教育热情是长时间的积极投入。班主任怎样才能葆有教育热情呢？

第一，要有积极乐观的心态。我国著名作物遗传学家、中国科学院院士、华南农业大学原校长卢永根教授，家中至今仍在使用上世纪80年代的旧沙发、旧电视、旧铁架床，却将毕生积蓄8809446.44元全部捐赠给华南农业大学，设立"卢永根·徐雪宾教育基金"。卢老师正是积极看待人生，对学生充满热爱，才有这样的善举。面对工作中存在的问题，班主任要有积极的心态，热爱自己的学生，热爱自己的事业，教书育人的热情才不会熄灭。积极乐观的心态，可以在班主任工作中获得滋养。比如，学生在校运会中夺冠，他们一拥而上围着你、抱着你，不是最幸福的吗？又如，当你帮助学生，他对你说"谢谢老师！"，不是最暖心的吗？再如，当你上课嗓子不舒服，学生课后给你端来一杯开水，这不是最动人的吗？只有从工作中找到快乐，工作才不会成为一种负担，我们才能更积极地面对问题，更热爱这份工作。

第二，要劳逸结合，做身心健康的班主任。面对繁重的工作，大多教师都觉得身心疲倦。有数据表明，有规律的有氧健身活动能够有效降低焦虑水平和缓解心理压力。为了更好地保持教育热情，班主任应热爱体育运动，懂得劳逸结合，以保持身心健康。班主任白天在学校忙，晚上在家里忙，要怎样抽空锻炼身体呢？其实，锻炼就在身边。每天早上，学生都要做早操或跑操，班主任可以跟学生一起运动，不但起到带头示范作用，而且能够锻炼身体。放学的时候，可以约上一两位学生同行，既可以谈心又可以锻炼身体。双休日的节目就更丰富了，可以根据自己的爱好选择合适自己的活动。

第三，学会幽默，学会微笑。每一位学生到学校，就说明他们是希望学到知识的。这时班主任就要营造和谐的氛围，让学生在愉快中获得知识。著名班主任斯霞说："有的教师上课过于严肃，搞得学生精神紧张。"事实上，教师过于严肃，不但不利于师生关系的发展，还让班主任的身心饱受折磨。做一个快乐的班主任，一定会让自己更热情洋溢，也会教育出一群快乐、阳光、向上的孩子。这些，都很需要班主任懂得幽默，微笑待人。

做一个快乐的班主任[①]

有一次上课时，我找不到手写笔了，刚要发火就看见很多学生都看着黑板上方，一位调皮的男孩子也露出狡黠的笑容。此时我完全可以借助教具把手写笔弄下来，但我没有那样做。我用手在黑板上拍了一下，顺势接住了落下来的手写笔。在学生们惊讶的目光注视下，我告诉大家："智慧永远比身高重要。"这句话博得全班学生的认可，课堂的气氛不再压抑，而变得活跃起来。因此教师适当地幽默一下，可以让紧张的课堂氛围变得轻松快乐，使教师巧妙地摆脱某种突如其来的困境与尴尬。

在班级工作中，我们有时会看到有些学生为自己的不良行为找各种理由。他们对自己的所作所为矢口否认，说起事儿振振有词。班主任如一个法官，简单粗暴的审判只会徒增他们叛逆对抗的情绪。旁敲侧击，运用幽默的话语来调侃，巧妙地化解矛盾，能获得更好的教育效果。需要注意的是，幽默要适度，要符合当时的人、情和境。班主任的幽默要从教育对象的认知水平和年龄特点出发，以共同的认知背景为基础，不然就变成了"冷笑话"。

班主任不妨幽默一点[②]

晚自习已上课五分钟了，一个学生才端着一杯水慢腾腾地走进教室。我在教室门口喊住了他，而他竟振振有词地说："端水来晚了，去年的班主任从来就没责问过我。"我没有生气，没有大发雷霆，也没有向他重申班规班纪。总之，没有实行一般常见的严明纪律的做法，而是朝他微微一笑，说：

[①] 徐艳春、刘根兰：《做一个快乐的班主任》，《汉字文化》2017年第22期。引用时有删改。
[②] 祝桂春：《班主任不妨幽默一点》，《人民教育》2000年第5期。引用时有删改。

"是啊，只是换了'皇帝'了呀！"

本来准备跟我顶牛的这个学生，没料到我会来这一手，竟"扑哧"一声笑了。防备的网被撕开，我趁机让他再给我端一杯水来。这一次，他只用了两分半。我接过他端的水后，真诚地对他说："谢谢，我感到很抱歉，又耽误你两分多钟时间。时间这么宝贵，我真不该耽误你呀，请原谅老师时间观念不强……"话没说完，他的眼里已闪现出了晶莹的泪花。他认真地说："老师，我明白了，从今以后看我的行动吧！"从此，再也没见他迟到过。

祝老师在处理师生问题的时候，巧妙地运用了幽默的方式。这得益于祝老师对学生的了解。为什么迟到？学生以"去年的班主任从来就没责问过我"为理由。祝老师将学生抛过来的问题当作垫脚石，一句"只是换了'皇帝'了呀！"不但将自己身份提高了，也明确向学生传达了自己的要求与前一届班主任不同的意思。没大动肝火，一句幽默就解决了问题。若没共同的认知背景，祝老师说的这句话则是无用的。

班主任工作，绝不仅仅只有奉献，也不仅仅是一份工作。运用多样化的途径保持和提高班主任的教育热情，能让班主任在工作中收获快乐。而充满热情的班主任，往往更富有人格魅力。

建设优良班风，自带净化功能

班级是学生重要的学习场所。只有将学生有效地组织、管理起来，才可以让学生在学习活动、道德修养等方面得到发展。只有将教育目标落实到每位同学身上，才能提高管理质量，这其中起着决定性作用的是班风。班风的形成是学生共同参与的结果。班风是班级稳定的、具有自身特色的集体风范，是一个班级大多数学生在学习、思想等方面的共同倾向。班风一旦形成，则是学生在班集体中的行为准则。

良好的班风就如交通灯，看到有益于集体发展的行为，则"绿灯"通行；看到破坏集体利益、不利于学生健康发展的举止，就会"红灯"禁止。良好的班风以一种潜移默化的形式规范着学生，成为净化班级空气的清新剂。

如何加强班风建设，净化教育环境？应抓好以下几个方面的工作：

第一，紧抓学习风气，形成优良班风。在多年的班主任工作中，我们得出这样一个经验：没有良好的班风，就没有良好的学风；要有良好的学风，必须建设良好的班风。身为班主任，我始终在"抓班风"这一领域奋战，主要目的是为了让良好的班风带动良好的学风。同样地，"抓好学风"应贯穿在我们"抓班风"中。只有两者相互促进，才能共同进步。"学风"抓不好，消极、不健康的舆论就会泛起，如脏水玷污了原本清澈的河流，阻碍班级的健康发展。

照毕业照那天，孩子们的脸上都写满了对未来学习生活的期待。那一双双炯炯有神的眼睛里，充满着青春的力量。我静静地看着阳光下的他们，宛如欣赏着一幅幅即将完成的作品，脑海里浮现起与他们刚认识时的那些"苦难岁月"。

刚认识他们的时候，他们给我的印象是"懒惰、不爱学习"，再加上有极个别后进生的捣乱，班级风气一度不好，成绩在年级排名也很糟糕。在第一个月的先进文明班评比中，月成绩就比隔壁班落后了十几分。我决定整顿班风，第一步就是严抓学风。这一点，无疑是对顽疾下药，要狠和准。在先进文明班评比结束后，我立即召开了"我们的班级怎么了？怎么办？"主题班会，在班会上，我展示了班级评比扣分的数据，以"为什么我们班级在评比中落后他班那么多分数"为切入点，让学生谈谈自己的感想。

一开始的时候，大家都低着头，似乎在沉思，也似乎在发呆。我说："同学们，如果我们再不行动起来，那么别人看不起我们，我们也看不起自己！请大家发言，我们的班级怎么了？怎么办？"班长首先举起手谈了自己的想法，其他同学也陆续提出看法。我将学生的观点综合起来，写在黑板左侧，粉笔指向那几个显眼的粉笔字"怎么办"。"同学们，我们的问题已经找到了，我们该怎么办呢？"学生被我的话语逗乐了，纷纷提出治班"良方"。我又将这些点子写在黑板右边，对同学们说："孩子们，这些都是你们给出的好点子。相信在大家的努力下，我们班级的'病'会'治愈'的，我们的班级也会强大起来！"经过全班同意，班委将大家提出的点子列成班风建设实施方案，以保证实行。

大家认识得到统一后，我将整顿学风作为提升班风的首要途径。我决定从英语教学着手，让大家在竞争中一展所长。例如：学习第一单元的课文后，要求每个学习小组将课文变成英语话剧，看谁演得好。学生开动脑筋，互相合作。在表演的时候，每一组同学要在前一组同学表演的基础上做总结，改进不足。第一组表演结束后，第二组增加了背景音乐，第三组又增加了道具，第四组……看着他们的团结合作，我心里看到了希望。是什么让孩子们进步了呢？是进取心。之前，由于课堂无趣，学生缺少目标，没有进取心，所以"懒"得学，不愿学。而现在进取心激励着他们，全班形成了你追我赶的风气。此外，课后设立了"一对一"互助小组，让成绩稍好的学生帮助成绩差的学生；设立单词记忆比赛，组建英语口语小组等。一切都是以营造积极的学风为出发点。一个学期过去了，班级违纪现象逐渐减少了，班风慢慢转好，最后在全级评比中获得了第三名的成绩。

第二，创设积极舆论，形成优良班风。"舆论本身就是一种最大的积极社会力量。"舆论对于班风的影响是很大的。一个优秀的班集体要依靠正确的舆论形成良好的班风，正确的舆论让学生的思想被一种无形的力量约束着，如监视器一般监督着学生的行为，为班风的建设保驾护航。我们可以利用奖惩条例，引导舆论向正确的方向发展。

刚性禁堵还是柔性疏引？[①]

有一次，一个家境很差、成绩也差的学生放学后含着泪跑到刘承伦老师那里，强烈要求换座位。

原来，那一天，几个坐在他前后的学生不知为什么开始议论起他来。

"他家里没有钱，他婆婆又是吃低保的。"一个学生说。"不是吃低保，是捡破烂的。"另一个瞄着他补充道。"他爸爸是吸毒的，根本挣不到钱，他一天还买这么多东西，不知道他是哪儿来的钱？"第三个学生兴奋地插话。

"爱的能力，同情的能力，尊重他人的能力，比其他任何东西都更重要！"这是刘承伦老师的观点。为了旗帜鲜明地表明自己的观点，刘承伦老师不仅始终坚持在课后辅导这个孩子，还经常在他的闪光点显现时不遗余力地表扬他，并对所有包含歧视的做法进行严厉的批评。但这又出乎意料地导致其他孩子的"仇恨"——他们不恨老师，却恨背后向老师告密的同学，恨这个生活在他们并不了解的环境里的孩子……

---

① 《刚性禁堵还是柔性疏引》，https://wenku.baidu.com/view/2150d16548d7c1c708a14532.html。引用时有删改。

保护一个孩子的尊严还是维护大多数学生的情感这个两难境地，使刘承伦老师度过了一个个不眠长夜。

"他家里没有钱，他婆婆又是吃低保的""不是吃低保，是捡破烂的""他爸爸是吸毒的，根本挣不到钱……"，这些议论一时泛起。但是刘老师坚信"爱的能力，同情的能力，尊重他人的能力，比其他任何东西都更重要"，坚持为学生辅导功课，还对歧视该同学的行为进行批评。然而，这些不但没消除消极的舆论，还激发了新一轮的矛盾——他们不恨老师，却恨背后向老师告密的同学，恨这个生活在他们并不了解的环境里的孩子……刘老师已经意识到消极舆论的不良影响，怎么办呢？没有对错，只有是非。该肯定的就肯定，例如对取得进步的同学进行表扬；该否定的就否定，对歪风邪气坚决打击，例如歧视别人。班级集体舆论不是班主任的单向灌输，而是建立在全班大部分人的正确认识与言论一致上。要从学生的角度出发，让学生发自内心去关心他人，这样的班级才会朝着健康的、良好的方向前进。

第三，建设班级文化，形成优良班风。班级文化活动是班级建设的一道靓丽风景线，它既承载着班级的精神，还彰显着班级的活力。优良的班风是在丰富的班级活动中逐步形成的。学生可以在班级活动中享受活动带来的快乐，陶冶情操，逐渐树立正确的思想观念和价值取向，让班风的形成有了共同的精神状态。毫无疑问地说，班级文化活动是学生与学生间精神连接的纽带。在班级建设中，可以从"德智体美劳"五个方面设立主题活动，有"每周劳动之星""组际篮球赛""节日手抄报比赛""我为父母献孝心"等。在活动中，学生的心更近了，关系更好了。

墨润心香，书写培德[①]

书法班文化的建设不能只盯着会写字、写好字，还要以书法来渗透集体班风、学风的提升，培养学生优秀的思想道德和良好的行为习惯。如何制定

[①] 江怡：《墨润心香，书写培德》，《教育观察（下半月）》2017年第7期。引用时有删改。

不同阶段的班级文化建设的目标？

一是长期目标：秉承"周周正正写字、周周正正做人"，让"写好字、做好人"成为学生终身发展的目标。二是阶段目标：继续练习书法养成潜心学习、认真做事的良好意志力和学习习惯。能认真书写好每一份作业，发展除了书法外的其他特长，丰富课余生活。在班级里倡导知书达礼、团结和睦的文化氛围，能通过临帖学习各类优秀的文学经典，拓宽知识面，学习和践行美德。

百年南郊小学是个书法特色学校，本着"周周正正写字、周周正正做人"的教育思想，学校特别注重学生的写字教育。教师一起研究了学生书法特色班级建设的具体内容，形成课内、课外、活动、展示、交流、竞赛、参观等不同的教育和熏陶途径，使学生在书法审美中提升人文素养，在书法练习中静心养德，在书法习作中发展综合能力和素养。

第一，一面书法文化墙。班级里开辟了一面书法墙，展示学生的软笔书法作品、硬笔书法作品、优秀作业和习字心得等，学生一走进班级就能感受到浓厚的书法文化氛围。

第二，一段书法修心旅。每天中午班里会安排一段时间，用书法开展修心旅程。学生在悠扬的古典音乐中静心临帖，培养专注力和观察力，调节紧张的学习情绪，在练习字的同时也接触到了许多经典的文学经典，如《三字经》《千字文》《论语》等，写出来的是字，修养的是身心。

第三，一个书法小课堂。书法小课堂是学生和教师一起建设的班级文化特色课堂，上课的时间有时候是晨会课，有时候是班会课。班级书法小课堂曾经邀请过王浩、马永先等书法名家来做客；也有学生自己上讲台分享自己的习字心得，组织生动有趣的主题班会；学校德育处、教导处的教师也被邀请在小课堂中和学生一起分享书写的乐趣、书写的故事、书写的技巧等等。小课堂如同一个知识加油站，坚持每月都能一起分享，彼此鼓励，共同收获书法路上的点点滴滴。

经过两年多的时间，书法逐渐叩开了学生知识文化的大门，使学生深刻地意识到书法是中华传统文化的精髓。同时,使学生意识到做书法文化的传承人,还需要付出更多的努力,如认真学好文化课,尊敬师长懂礼貌,更主动地学习其他优秀的知识和文化等。

江老师利用自身的书法特长,打造独具特色的书法文化。这不仅提升了学生的书写能力,还培养了学生优秀的思想品德和良好的行为习惯。"在文化的熏陶中,体悟成长的真谛,这是教师很难通过常规的口头教育达到的效果。"

良好的班风是班级的灵魂,班主任应结合班级实际情况,有目标、有计划地建设班风,净化学生心灵,用班级的"风"带领学生们迈向新的台阶。

活用微信平台，做智慧班主任

苏霍姆林斯基有句名言："没有家庭教育的学校教育和没有学校教育的家庭教育，都不可能完成培养人这样一个极其细微的任务。"当前，无论是班主任还是家长，都已清晰认识到家校沟通和合作的重要性，而家校合力的形成则以良好的沟通为基础。我们常见的传统家校沟通方式有电访、家访、信访等。时代在变化，传统的家校沟通方式已经不能满足家长迫切的需要和班主任便捷的需求了，家校之间的沟通方式需要进行创新。

在"互联网+教育"的背景下，传统班级管理模式受到前所未有的冲击和挑战。QQ群、微信群、微信公众平台等逐渐成为家校联系的新方式，其传播的群体性、实效性、可视性等特征让班主任、学生和家长的沟通更为高效、便捷。例如，班主任可以将学生的学习动态以图片、视频的形式发送给家长，让要解决的问题一目了然。这样，家长不需要像"盼星星盼月亮"一样才等到孩子的学习、生活动态信息，这都极大地方便了家校沟通。互联网用得好，就省时省力，事半功倍；用得不到位，则费时费力，事倍功半。所以，巧用网络建设优良的班级管理平台和家校合作空间，是班主任面临的一大问题。在众多社交软件中，微信是最常用的，我们就以微信为例，谈谈家校如何通过微信进行沟通、合作。

策略一：组建班级微信公众平台，展现班级优秀风采。

现在很多学校都有微信公众平台，但是建立班级微信公众平台的就不多。班级微信公众平台是宣传班级文化的一个很好的阵地，它可以推送班级管理动态、学生优秀作品、教育美文等，家长利用智能手机客户端关注后，就可以接收到班级各种信息，例如班级会议的通知、家庭作业的布置、学生课间的活动情况等，一方面记录学生成长，另一方面让学生家长了解班级动态，这样可以增强大家对班主任工作的认同。微信平台还有一对一互动、信息反馈等功能，学生家长可以成为班主任管理工作的监督者与建议者，为班级的建设出谋划策。

例如，学生参加校运会，班主任用手机拍下学生的精彩画面，然后配上文字上传至微信平台，供家长们阅览与下载保存。家长看到孩子的积极表现，会为班级点赞，家校形成良性互动。又如，班主任增设"优秀朗读者"栏目，学生投稿，大家分享，能够鼓励更多的学生努力学习；家长看到文章后，也会反馈给自己的孩子，告诉孩子如何更好地学习。

微信公众平台的维护与更新需要班主任付出大量的时间与精力，这就要求班主任开放管理，即将学生、家长纳入平台运作中，让他们成为平台栏目的设计者、文章的编辑者、运作的管理者。这不但可以让班主任从繁重的工作中解放出来，还可以调动学生和家长的积极性，更好地建设班级。

策略二：管理班级微信群，拉近心与心的距离。

微信群的便捷众所周知，它摆脱了传统家校合作的地域限制和时间约束。班主任可以利用微信群发布通知，通报学生的在校表现，让家长第一时间掌握孩子的学习动态；家长有疑问可以在微信群里直接与班主任、任课老师沟通，或者家长彼此相互沟通解答，为班级管理和教育带来了诸多便利。但在实际工作中，很多班主任常闻"群"色变：在微信群里，家长可能有问不完的大小事情，而班主任在繁重、忙碌的教学任务中难以抽身做到事事回复；家长与教师之间的沟通可能在文字交流中被曲解，导致矛盾的激发；家长过于依赖微信群解决问题，学生之间的矛盾也发在群里，不愉快的谈话将矛盾演变成家长之间的矛盾；有的家长在夜深人静时，还会在群里乱发广告，甚至有的学生用家长的微信身份在群里聊天……微信群利弊共存，班主任不能"因噎废食"。那么，怎样才能让微信群成为家校有效沟通的平台呢？

首先，制定公约。班主任根据班级管理工作需要，分组创建班级工作群，用来沟通班级管理工作；组建班级互动群，用来交流育儿等内容。班主任要在微信群成立之初与家长明确订立群公约，以保证班级微信群在日后有规则可依。下面是上海市静安区教育局发布的《静安区中小学班级微信群建设公约》，有可以借鉴之处：

班级微信群依法实行实名制管理（用于识别联系对象）。

群成员一般由班主任、任课教师、家长组成，进群家长应为学生的法定监护人。

班级微信群内杜绝任何形式的广告、拉票、红包、集赞等与学校、学生无关的内容。

杜绝群内通报点名、批评学生、公布成绩或排名等。

规定班级微信群仅用于学校发布通知、家校信息沟通交流，不得发布与家校联系无关的消息、言论。不做聊天使用。

班主任与家长确立微信群使用公约后，就有规可依，共同维护班级微信群的良好氛围。

其次，加强监督。在群建立后，班主任要发挥家长的监督作用，可以请一些家长当群组管理员，对群里的动态进行监管，维持微信群的正常秩序。在微信群里，无论是家长，还是班主任和任课教师，都要自觉维护群组秩序，不随便发布信息，交流要耐心、真诚、积极，避免不必要的麻烦。

再者，注意引导。在传播信息时，有可能出现一些消极信息。对于这些信息，班主任要区分对待，及时化解。属于学校方面的，要及时解释。属于家长方面的，要及时沟通。要预防个别家长的不良情绪感染其他家长，将个别问题升级为普遍问题。

班级微信群的引导和管理[①]

4月23日晚九点半，杨老师（杨老师和我都是三年级一班的班主任，我

---

① 吴志明：《班级微信群的引导和管理》，《江西教育》2015年第34期。引用时有删改。

校实行双班主任制）打电话给我："吴老师，你看班级微信群了吗？家长们在里面讨论得沸沸扬扬，发了70多条会话，说我班的同学被五年级的同学打得受伤流血。"

我赶紧打开班级微信群，群里你一言我一语的，我仔仔细细从头到尾看了三遍才理清。

首先是一个姓杨的学生家长发了微信："我儿子说他和曾同学、林同学、谢同学、吴同学、黄同学都被打了，一个膝盖流血，一个手肿了，我儿子是被抱起来，往乒乓球桌角上撞，回来一直说被撞的地方好痛，怎么会这样子使用暴力呢？情况到底是怎样？儿子坚持说是无缘无故被五年级同学打了，有谁清楚当时的情况？"

说得有名有姓，似乎不容置疑。一石激起千层浪，在接下来的会话中，有的家长说要找学校问清楚情况；有的赶紧问自己的孩子，这到底是怎么回事；有一位寄托管孩子的家长看到他孩子的名字也在上面，赶紧打电话询问托管老师；有的家长担心自己的儿子手臂被踹了还能不能练乒乓球……

接着，杨姓家长又在微信群里发布"要不要六个家长一起去找学校讨个说法，如此暴力，孩子们在学校太不安全了""学校应有书面处分文件"等言论，家长们议论纷纷，好不热闹。

之后，会话内容出现了转折，许多条会话反映出家长们经过询问自己的孩子，渐渐揭开了事情的真相：原来是下午第一节课下课后，我班几个学生在器械区打乒乓球，五年级的一个学生抢我班学生的乒乓球引发了冲突，这件事情杨老师当时就作出了妥善处理，五年级的学生也向我班的学生道歉了。杨姓家长的孩子并没有直接参与这件事情，他是为了引起家长的重视，为同学"两肋插刀"，夸大其词，向家长撒了谎。

为慎重起见，我们当时没在微信群中对此发表意见。

第二天，我和杨老师沟通后，觉得不仅有必要澄清事实真相，而且要以这次"风波"为契机，加强对班级微信群的引导和管理。于是，我把几个当时在场打乒乓球的学生叫过来询问，并查看"膝盖流血""手肿""往乒乓桌角上撞"等情况。再次确认了事情的真相后，对杨姓学生进行了严厉的批评教育，并于中午一点在班级微信群发了一条会话。

各位家长朋友：

　　昨天晚上部分家长在微信群里议论的，我班孩子和五（2）班的孩子发生冲突的事情，经过充分调查询问，确定发生的起因是昨天下午第一节课下课后我班的孩子打乒乓球，五（2）班的同学强拿我班孩子的乒乓球，从而产生冲突。第二节课上课时，杨老师及时处理了这件事，经过教育，五（2）班的学生承认了自己的错误，当面向我班孩子进行了诚恳的道歉。至于说我班孩子被打得有的受伤，有的淤青，有的流血，早上我们经过仔细查看，发现只有黄同学小腿上有两处小擦伤，涂了红药水，而他是追五年级的孩子时自己绊倒擦伤的，其他孩子身上并没有淤青、伤口或流血等情况，更没有听说有哪个孩子被举起来往乒乓球桌角上撞。以上就是早上的调查结果。这件事情也引起学校领导的重视，参与了调查询问。反思这件事情，孩子在班级、在学校与其他同学相处中，磕磕碰碰是难免的，老师也会教育引导，如果我们的家长朋友因为这样的情况，没有调查清楚，听信一面之词，就在微信群里发布信息，引起恐慌，那如何教育我们的孩子讲诚信与实事求是呢？班级的微信群也是一个公众平台，这么多的家长和孩子在关注，我们能这么不负责任地在微信群中发表夸大其词、不利于孩子成长的内容吗？

杨老师　吴老师

　　这条信息发出十几分钟后，我收到杨姓家长的道歉电话。
　　中午两点左右，杨姓家长还在班级微信群里发言。

老师、家长朋友们：

　　我是杨××的家长，我的孩子不懂事，在这件事上说了谎，是我们教育上的失职，我们要承担全部的责任！在与五（2）班的学生起冲突这件事上，我在没有调查清楚的情况下，听信自己孩子的一面之词，没有主动向班主任老师了解情况，在班级微信群里发布了不实信息，引起了家长们不必要的恐慌，是我太鲁莽，做事欠考虑。我在此表示歉意！对班主任老师们造成不必要的麻烦表示深深的歉意！在与高年级孩子摩擦一事上，班主任老师已经尽职尽责地处理了，是我对突发事件处理方式不对，影响了学校的声誉，我在此澄清事实！以后我会更加严格地教育我的孩子，说话要负责任，要实事求是。我也会引以为鉴，遇事多与老师沟通解决。在此，我再次为我不负责任的言辞表示深深的歉意，希望能消除不良影响，取得老师和家长朋友们的谅解。

杨××家长

放学后，我们把这位家长请到学校办公室来，和他坦诚地进行了交流。通过交谈，我们了解到孩子在家里的一些情况，原来，杨姓孩子是独生子，小时候体弱多病，家长对孩子宠爱过度，什么事情都依着他的性子。孩子也很聪明，揣度大人的心理，欺骗家长，没想到大人竟然稀里糊涂地相信了，才闹出这样的荒唐事。

吴老师对于个别家长的激进言论，首先了解事情的来龙去脉，主动和家长沟通，然后对症下药，化解矛盾，取得了良好的效果。吴老师很好地发挥了微信群的功能，让班主任的管理更显智慧。

第四，了解诉求。吴志明老师的经验很值得借鉴，比如，当自己的孩子在学校和其他孩子产生矛盾，有的家长为了引起教师的关注，维护自己孩子的利益，会在微信群里发布一些言论和相关图片，给教师施加压力。这时，教师就应该主动和家长私底下进行交流沟通，了解真实情况，及时处理，化解矛盾。如果把个别事情放在班级微信群里讨论，人多嘴杂，不利于问题的解决。

微信群虽然让家校沟通更加便捷，但不能取代班主任和家长之间面对面的沟通交流。可以说，微信家校沟通与传统家校沟通各有优势，互相补充，智慧型班主任就是要将二者进行融合，更好地提高班级管理水平。

创新管理理念，科学遇上民主

鲁迅说："既然像螃蟹这样的东西，人们都很爱吃，那么蜘蛛也一定有人吃过，只不过后来知道不好吃才不吃了，但是第一个吃螃蟹的人一定是一个勇士。"高尔基说："如果学习只在于模仿，那么我们就不会有科学，也不会有技术。"创新是人类进步的灵魂。班级管理同样需要创新，特别是管理理念的创新。管理理念是管理行为的行动指南，无论是班级设施等硬件建设，比如班级图书角的摆设、黑板报的设计等，还是人文环境等软件建设，比如班级风气、班级舆论导向等，都会受到班主任管理理念的影响和制约。假如班主任处理问题老是用陈旧方法，则犹如抱瓮出灌，费力多而收效少。管理理念的创新是班级管理创新的核心，班主任应针对实际需求，创新班主任管理模式，提高班主任工作的水平和效率。

目前，比较先进的管理理念是坚持以人为本，促进人的全面发展。具体到班级管理实际，应把先进的管理理念与人文环境、人文精神相融合，以学生为中心，通过充分调动和发挥学生的主动性、创造性来实现管理目标。目前，很多班级管理存在滞后性，缺少创新性，比如说教式、训斥式、管教式等。很多班主任认为班级管理主要就是规范学生行为、约束学生言行，缺乏对学生身心发展的指引、关怀。这样的管理不利于学生的个性发展和自我优势的展现。因此，班主任要突破陈旧的管理理念，加以创新，以科学和民主促进班级管理的发展。

创新之一：班级管理精准定位，树立服务至上的管理理念。

传统的班级管理模式，大多存在管理理念定位有偏差的情况。很多班主任认为中小学生身心还不够成熟，处于成长期，面对教育问题，不用探讨太多的"是什么""为什么"，给学生一些建议就好，常常叮嘱"怎么做"。班主任成为班级管理的主导者，学生需服从安排。学生的"唯命是从"看起来让班主任坐享"安逸"，实际上培养着一批"不懂思考"的"木偶人"。班主任转管理为服务，对学生的思想政治教育、品德教育、纪律教育等进行指导和培养，不但让学生明白"怎么做"，更要知道"为何做"。

为牌痴迷[①]
——班级管理创新案例分析

近日，班里男生们对一种塔罗牌特别痴迷。下课铃响后，不到一分钟班里一个男生的影子都没有了，包括平时比较乖的男生。只见他们三五成群地聚在一起玩着牌，忘记上厕所，忘记课前准备。原本想制止，但是转念一想，爱玩是男孩的天性，再说平时要求下课不能追逐打闹，这下不正合我意吗？再说也没有制止的正当理由啊，对于三年级的孩子，仅靠老师的权威来管理，这是我不愿意的。

一星期后，事情发展的严重性后果出现了：两位男生为了挤时间玩牌，午饭一口没吃，直接倒掉；三人在音乐课上玩牌被老师没收；因为玩牌引发了两次冲突；课堂作业直到放学前还有一半男生没写完，部分写完的不是正确率很低，就是字迹非常潦草……经过一番了解，这一系列现象都指向一个原因——为牌痴迷。不能任其肆意发展下去了，必须尽快采取有效措施。思考一番之后，我决定利用周三下午的班会课解决此问题。

周三下午，全班召开了一次主题为"我该如何玩好游戏"的班会课。一开始，以几张偷拍的男生课间玩牌照片导入，接着女生表演了男生课间玩牌的情景剧，这是事先和女生沟通好，让她们自编自演的，主要是想引导男生

---

① 洪燕：《牌痴迷——班级管理创新案例分析》，《考试周刊》2016年第60期。引用时有删改。

谈感受、说想法。然后，让玩牌的人说说玩牌的意义是什么，为什么吸引了自己。最后，经过四人小组讨论，尤其是在听取了男生的意见之后，关于玩牌，全班达成了以下共识：1. 玩牌时间：课间时段，而且前提是已经作好课前准备，确保该做和该交的作业已经完成。2. 玩牌后果：不因为玩牌影响学习，上课时段坚决不玩牌；不因玩牌而不写作业或马虎应付；不因为玩牌同学间闹矛盾。3. 惩罚措施：一旦因为玩牌造成同学闹矛盾、不完成作业、上课偷玩等情况，超过两次取消玩牌资格。受惩罚的人数超过10人，则取消这项游戏。

一直到现在，在班级管理中我再也没有因为学生为牌痴迷而烦恼。相反，班级纪律、学生自觉性比以前更好了。我觉得这节班会课的意义不仅仅是解决了班级中的玩牌问题，相信今后在面临其他游戏时他们也知道怎么面对和正确处理了，能为他们的持续发展而服务。尝到了这次的甜头，后来遇到的很多班级问题，我都是及时开展有针对性的班会课，全班一起商量，共同解决。我越来越感觉到主题班会课对于促进班级管理作用重大。

现代生活物质丰富，学生的娱乐设备越来越多样，加之网络技术的推动，学生娱乐的"瘾"越来越大。男生沉迷于玩塔罗牌，严重影响了正常的学习生活，甚至破坏了班级风气。洪老师没马上禁止玩塔罗牌，而是站在学生角度考虑如何更好地处理"玩牌事件"。她召开了主题为"我该如何玩好游戏"的班会课，形式新颖，以几张偷拍的男生课间玩牌照片导入，接着女生表演了男生课间玩牌真实场景再现的情景剧，将学生的兴趣调动起来，然后让玩牌的学生说说塔罗牌的意义和吸引自己之处，最后在讨论中达成共识。洪老师的这一举措，不仅解决了学生沉迷玩牌的问题，还让他们明白了"玩物丧志"的道理。

创新之二：整合学校社区资源，打造富有特色的班级。

世界上没有两片完全一样的叶子，校园里也不会有两个一样的班级。在鼓励个性发展的现代教育中，班主任要有敢于创新、打造特色班级的理念，结合学校或社区等的丰富资源，在特色活动中建立独树一帜的班级文化。特色班级建设符合素质教育和新课改精神，从班集体的发展需求出发，以学生的兴趣爱好、个性特点、年龄特征或班级主要特点等为班级文化建设点。它有利于学生的全面发展和个性张扬，为学生搭建服务和发展的平台；也有利于班级德育工作、教学工作等顺利开展，提高班级管理品位。比如，以"诗香校园"为办学特色，以培养儒雅学子为目标，长期举行鞠躬礼、开笔礼、《弟子规》学习等系列教育活动。校园是园林式建筑风格，校园四周悬挂着诗词经典作品和名人警句等，桂树飘香，古松翠竹掩映，其中坐落着多个伟人雕像。学校为班级文化的建设奠定了坚实的环境基础，也为育人方向作出清晰指引。借助学校的资源，打造"诗香班级"特色文化，布置富有诗意的教室，举行"诗歌朗诵""每周一首古诗词"等比赛，让学生在浓厚的校园文化和班级氛围中爱上古诗词，用名人的事迹激励自我前进。

特色班级建设[①]

1. 利用班会课，认识礼仪的重要

学习文化知识需要老师具体形象地教育指导。而且，学生有没有礼貌不是天生的，而是后天培养出来的。礼仪知识在最初阶段是需要灌输的。所以，我利用读报课、班会课通过讲读中外经典故事的形式引导学生发现自身的优点和不足，让学生在肯定自己的同时，发现自己不礼貌这一缺点，为学生创造出一个良好的氛围，让他们在潜移默化中明白待人接物要有礼貌。再进一步讨论：我们中学生该具有哪些礼仪？我们在哪些地方做得很好，哪些方面做得还不够？学生在讨论中明确认识到在学校见到老师应该大声问好，到老师办公室要喊"报告"，接受老师的教育后要说"谢谢老师的教育"。经过一段时间的强化培训，"谢谢""对不起""没关系"等常用的基本礼貌用语时常挂在学生的嘴边，教室的疯玩现象也减少了许多。组织学生在教室的墙报、黑板报中绘制一些有关文明礼仪的宣传画、短文、诗歌、谚语、名言

[①] 胡冬云：《我的特色班级建设》，《科学咨询》2016年第24期。引用时有删改。

等,让学生在课间休息时有意无意地读读看看,逐渐让学生知道"礼仪"是展示学生素质的一个重要方面。在其他场所,我们也应该像在学校一样做一名知礼仪的中学生。

2. 发挥榜样的作用,培养礼仪习惯

"榜样的力量是无穷的",学生模仿性很强,教师在平时要注意以好的言行来施加影响,让学生模仿,在模仿训练中形成良好的礼仪习惯。通过启发自觉性,让学生进行自我教育,在自我教育中发展良好的礼仪行为习惯。学生礼仪习惯养成了,见到老师能主动问好了,礼貌用语在班级中常常听到了,而且有几名学生表现特别突出。我利用班会课,结合学校的"文明之星"评选活动,在学生中选取讲文明、懂礼仪的典型模范,作正面的宣传,达到一种真实可信的效果,从而形成班级的正确舆论,让周围的同学可以更为直接地了解学习如何成为一个讲文明、懂礼仪的人。也让每个同学找出自己在礼仪中做得最优秀的几个方面和最不好的一点,记录在家庭联系本上,以促使自己改掉不好的礼仪习惯。对一些不文明、不礼貌的现象和个人要予以批评、教育,在班上形成一种嫉恶扬善的风气。

3. 提出礼仪要求,指导学生去实践

例如,利用三八妇女节,开展孝敬父母的活动。为了培养学生的基本道德观念和社会责任感,养成良好的行为习惯,在三八妇女节来临之际,班级特举办关爱妈妈主题活动:了解妈妈(奶奶、姥姥)的爱好;帮助妈妈(奶奶、姥姥)做一件家务事;清晨,对妈妈说一声"我爱您";睡觉前为妈妈洗脚;为妈妈画一幅画、写祝福语、唱一首歌、讲一个故事等。通过这些活动,让学生充分理解母亲,真正从内心感到母亲对家庭的付出,对自己的关爱,培养学生尊重长辈、孝敬父母的传统美德以及关心他人、热爱劳动的良好习惯。

胡老师联系学生的实际,结合学校资源进行特色班级建设,开展了丰富多样的班集体活动。这些活动旨在唤醒学生自我教育的意识,在班主任引导下养成良好的行为习惯，实现自我发展，最终形成富有特色的班级文化。

创新之三：班级建设与学科教学融会贯通，打造智慧型班级。

班级建设和学科教学是学校教育的重要构成部分。从班主任的立场来看，既担任着班主任工作，又肩负着教学任务，两者大都处于分割状态，主要是因为时间不够用、精力不足、要求不同。怎么办？班主任可以结合自己的学科教学实际，创造性地将学科教学与班级管理整合起来，做好班级管理工作。比如，英语教授比较级的用法时，首先，把学生之前和现在的生活照片加以对比，让他们比较有什么不同。大家兴致勃勃，一边找一边说："×××更高了。""×××更壮了。"接着，展示学生家长年轻时和现在的照片。照片一放出来，刚才还笑嘻嘻的孩子一下子沉默了。他们看到爸爸妈妈苍白的头发、粗糙的手，和年轻时对比，非常明显，这一切都说明他们老了。然后告诉学生："孩子们，时间在流逝，你们在成长，父母却老去了，我们要好好把握住时光，不虚度光阴。"那节课，大家听得很认真。

在教育改革的热潮下，学校的发展离不开班主任勤勤恳恳的工作。班主任工作的进步离不开班级管理的智慧。班级管理要适应时代的快速发展，在尊重学生个体差异的基础上，以丰富的智慧创新班级管理，促进学生全面发展。

后　记

2013年7月，我入职顺德北滘三桂小学，与教育工作结缘，成为千万个人民教师中的一员。在新单位中，我担任班主任工作。作为一名新手，面对着50多个迥异的新面孔，我满腔热血，在脑海中一遍又一遍勾勒美好的班级蓝图。理想是丰满的，现实是骨感的。很快，繁琐的班主任工作让我焦头烂额、狼狈不堪，第一学期以"失败"告终。第二学期，刘建东校长给学校每位教师送了一本《班主任工作漫谈》，这本书至今使我获益匪浅。此书系全国优秀班主任魏书生老师撰写，是一部很有感召力、给人以智慧启迪的班级管理著作。翻开此书，不禁被魏老师的班级管理方法迷住。那些生动感人的故事叙述了魏老师独具一格的班主任工作经验和班级管理的智慧。我如饥似渴地一口气读完，心中再次燃烧起战斗的热情！魏老师在自序中如此说道，"我常常觉得班级更像一个小社会，社会上有什么，一个班级便可能有什么"，"既然是社会，就有一个管理问题"。是的，班级管理这项又苦又累的工作，归根到底还是管理的方法问题。魏老师懂得用方法，班级工作这块园地被他打理得瓜果飘香、花团锦簇！我顿时觉得"班主任"这三个字沉甸甸的，这就是我的目标。如何智慧管理班级，这颗疑问的种子在我的心中悄然播下。

在此后的日子里，我潜心学习了很多知名班主任的论著，比如万玮的《班主任兵法》、万霞的《万霞老师的班》、李镇西的《我这样做班主任》等，并结合自己的班级管理实践进行内化。我尝试将工作中遇到的问题罗列出来，再结合知名班主任的做法，制定出能够解决问题的策略。经过不断地摸索与实践，我发现班级管理越来越顺畅了，我的自信心也增强了。

2016年10月，我重回母校，拜访了恩师王林发教授。在愉悦的交谈中，王教授听我讲了班主任管理的一些心得体会后，便建议将它们写成书，为更多像我一样刚刚迈入班主任工作的新教师提供借鉴与参考。这对于从没写过书的我来说，内心是忧虑的。一是怕班门弄斧，将贻笑大方；二是怕事务繁多，会捉襟见肘。王教授得知我的顾虑后，鼓励我说："凡事开头难，走下去就知道路的方向了。"就这样一个偶然的机会，我迈向了写书之路。

这本书从起笔到今天，将近三年了。在这三年里，我与王老师合力撰写，其间尽管因家庭与工作的压力也有停笔搁置的情况，但还是坚持写完了。当有一天，王教授给我发来本书封面设计图的时候，我忽然忐忑不安起来，不知道这本书到底有多大的价值，能否帮助到别的老师。但转念一想，玉不琢，不成器。只有将它投入社会，让它经受时光的磨砺、检验、筛选，才能最终琢玉成器。

本书将班级创意管理的智慧分为五大章节，分别是："管理留白，给予呼吸空间""轻松带班，创新管理智慧""以爱唤爱，讲究激励艺术""另辟蹊径，巧用心理效应""潜移默化，做魅力班主任"。围绕这五大章节，总结出36个班级创意管理的工作技巧，直击班级管理工作的痛点、难点。比如，走进学生内心，做学生知心人；堵防疏导结合，尊重发展规律；坚持教育底线，正确进行惩戒等。这些管理技巧是理论与实践相结合的成果，力求对一线教师的班级管理工作有所启发和借鉴。管理理论搭配教育案例，有利于读者对所提出的策略进行深入了解，通俗易懂。不同年级的班级管理虽然有异处，亦存有共性。所以章节中的技巧有的既适用于高年级，也适用于低年级。例如，从学生的身体发育时间来说，"勿忘罗密欧与朱丽叶效应，化解早恋危机"更适用于中、高年级学生的管理，而"善于找闪光点，激发进步动力"则适用于全部年级学生的管理。在此，读者们需要根据自己的需求有选择性地使用。

"教育不仅是一种智慧，更是一种策略，让我们做一名智慧型的班主任。"书中班级创意管理的智慧案例来自教育一线的名师名家们、一些网络作者的作品以及我个人的实践经验。在这里，我们特别向钟杰、叶喜兰、刘玉翠、王小丹、黄萍、陈宝平、王顺萍、张书森、巫韶军、黄琼、王园园、徐丽萍等老师以及一些网络作者表示由衷的感谢！感谢耐心指引和帮助我的王教授，让我一路坚持走下来！还感谢默默关心和支持我的家人和朋友们，他们是我坚实的后盾！

由于编者知识水平有限，书中难免存在疏漏与不足之处，希望专家学者和广大读者批评指正。

黎晓敏

2019年10月20日